逐梦他乡重庆人的故事，各有各的精彩。两年多时间里，我们追逐"逐梦他乡重庆人"的足迹，向着逐梦地和逐梦人出发，其间的故事也同样丰富。

逐梦他乡重庆人

行进中国 · 精彩故事
全媒体大型人物故事寻访系列丛书
6

Backstage

幕后

《逐梦他乡重庆人》编委会　编著

重庆大学出版社

图书在版编目（CIP）数据

幕后／《逐梦他乡重庆人》编委会编著. —重庆：
重庆大学出版社，2017.5
（全媒体大型人物故事寻访系列丛书；6）
ISBN 978-7-5689-0572-5

Ⅰ.①幕… Ⅱ.①逐… Ⅲ.①人物-生平事迹—重庆
Ⅳ.①K820.871.9

中国版本图书馆CIP数据核字（2017）第112615号

幕后
MUHOU
《逐梦他乡重庆人》编委会 编著

策 划：重庆日报报业集团图书出版有限责任公司

责任编辑：许月桥 版式设计：何海林
责任校对：王 倩 责任印制：邱 瑶

*

重庆大学出版社出版发行
出版人：易树平
社址：重庆市沙坪坝区大学城西路21号
邮编：401331
电话：(023) 88617190 88617185（中小学）
传真：(023) 88617186 88617166
网址：http://www.cqup.com.cn
邮箱：fxk@cqup.com.cn（营销中心）
全国新华书店经销
重庆共创印务有限公司印刷

*

开本：787mm×1092mm 1/16 印张：11 字数：171 千
2017年5月第1版 2017年5月第1次印刷
ISBN 978-7-5689-0572-5 定价：48.00元

序 >>>

记录梦想的幸福

编辑这本书时，正值孟夏，花开五月，万物并发。

"逐梦他乡重庆人"全媒体大型人物故事寻访活动也到了硕果累累的时节。

逐梦的故事很精彩，一套六辑的《逐梦他乡重庆人》系列丛书是领略这种精彩的一扇窗口。

一群逐梦人，感动一座城！有梦想的人是幸福的，追逐梦想的过程是快乐的，而记录逐梦故事的媒体人同样幸福并快乐着。

在逐梦的舞台上，其实没有配角。这套系列丛书的《幕后》部分，有另一群主角——参与"逐梦他乡重庆人"全媒体大型人物故事寻访活动的媒体人。

时间横跨三年，全世界寻访，总行程 33 万公里，遍及 31 个省、直辖市、自治区及港澳台地区，以及 19 个国家。73 批次 438 人次的全媒体记者，冒严寒、抗酷暑，奔忙在追寻"逐梦他乡重庆人"的路上，写出了一篇篇精彩的故事。

他们俯下身、沉下心、动真情，创作出有思想、有品质、有温度的作品，体现了新闻工作者的责任与担当。他们在践行"走转改"过程中的故事同样很精彩！

做时代风云的记录者！正如一位记者所说的，能够参与这次寻访活动是幸运的、幸福的。作为一个媒体人的梦想，也在记录逐梦故事的过程中得以实现。因为，他们用故事记录了中国人为实现中国梦而坚定前行的足迹，用细节记录了这个伟大时代的真实变迁。

同一个舞台上的两类主角，都有自己的梦想，追逐梦想、记录梦想都是幸福的。就如纪·哈·纪伯伦所说："我宁可做人类中有梦想和有完成梦想愿望的、最渺小的人，而不愿做一个最伟大的、无梦想、无愿望的人。"

当所有主角的梦想都开出花瓣，"逐梦他乡重庆人"全媒体大型人物故事寻访也已春华秋实。

逐梦的脚步不会停止，对精彩故事的记录还将继续。可以想见，未来的花更美，果更甜。

燕平

2017 年 5 月 31 日

目 录 >>>
CONTENTS

综述 >>>

三年，33 万公里，一份群体的"梦想"答卷

□ 周 波

从 2015 年 2 月，到 2017 年 6 月。"行进中国·精彩故事"——"逐梦他乡重庆人"全媒体大型人物故事寻访，在第三个年头，画上了一个圆满的阶段性句号。

这是深入贯彻习近平总书记关于"中国梦"的重要论述和中宣部、国务院新闻办有关部署的具体实践，也创造了重庆新闻史上的新纪录，为重庆直辖二十周年献上了一份沉甸甸的礼物。

"逐梦他乡重庆人"全媒体大型人物故事寻访，由重庆市委宣传部、市委外宣办、市商务委、市政府外事侨务办、市对外文化交流中心共同主办，全媒体全球寻访逐梦人物，累计刊播 482 期 522 位逐梦人的精彩故事，产生了较好的社会影响，也得到各方人士的高度肯定。

2015 年，"逐梦他乡重庆人"全媒体大型人物故事寻访被中国外文局评为"全国对外传播十大案例"之一。2016 年，中宣部在部刊《宣传工作》专刊刊发寻访活动情况，并同步配发"向世界讲好中国故事"宣言评论，以经验推广的形式向全国介绍"逐梦他乡重庆人活动讲好中国故事"的成果。中宣部新闻局《新闻评阅》刊发《〈重庆日报〉通过"逐梦他乡重庆人"讲好中国故事》一文，对"逐梦他乡重庆人"报道给予了充分的肯定。《人民日报》刊发《"逐梦他乡重庆人"活动——发掘逐梦人物，描摹拼搏群像》，全面介绍基本情况和做法。《中国新闻出版广电报》头版头条刊发《1.32 亿点击量传递"寻访"正能量》，新华社刊发《"逐梦他乡重庆人"激发家国正能量》，《对外传播》刊发《"逐梦他乡重庆人"研讨会举行》，《网络传播》刊发《逐梦他乡重庆人，个体织就中国梦》等文章，充分肯定活动成效。中国记协、《新闻战线》杂志社、重庆日报

社联合举办"逐梦他乡重庆人"全媒体大型人物故事寻访报道研讨会，来自北京日报社、中国社会科学院、复旦大学等近百名专家学者齐聚重庆，为寻访报道出谋划策，相关研讨论文还分别在《新闻战线》《对外传播》《中国新闻出版广电报》等期刊平台上刊登。重庆市四套班子主要领导先后作出重要批示，对活动给予高度评价。重庆市委书记孙政才批示："我几乎每期都看了，节目办得真实、生动、鲜活，感动人、激励人，充满正能量，催人奋进，取得了很好的效果。"

关键词：全

全球实地寻访，全媒体采访刊播
全方位动员，全社会广泛参与
全媒体全球传播，境内外反响热烈
全域化寻访线索，发掘人物故事内涵

自谋划开始，"逐梦他乡重庆人"全媒体大型人物故事寻访所确定的原则之一，就是要在"全"字上做足文章，做好文章。

行进中国 精彩故事
全媒体大型人物故事寻访
Chongqing Flyers
逐梦他乡重庆人
2015年6月18日开始
每个工作日推出一个精彩人物故事
他们来自同一个地方——重庆
他们闯荡异国他乡，只为追逐梦想
重庆寻访人，踏遍全世界，寻访千万里
只为记录梦想，倾听悲欢
有梦不孤单，我们走近你
全球采访，全媒体播映
全球人物线索持续征集热线：023-68615657

　　线索的寻访是全域化的。按照"外国人对中国的了解，多是通过一个个具体的中国人、中国家庭的故事形成和强化"这样的策划思路，从地域上面向全球、从领域上面向各行各业，广泛征集线索。一方面，多渠道征集发现，整合市级部门的资源，推动重庆市外事侨务办、市商务委、市国资委、市工商联、市对外文化交流中心等涉外部门梳理推荐本部门所掌握的人物线索；整合区县资源，调动区县宣传部、外宣办的力量，挖掘和推荐本地区人物线索；在轨道交通、公交、机场 T 型广告牌、商圈户外广告屏发布人物征集广告，制作专题网页，开通推荐电话、征集邮箱和微信公众号，向社会广泛征集人物线索。另一方面，多批次深入采访，抽调骨干记者远赴他乡对目标人物进行专访，并辅以记者走访、即兴交流等形式，全方位还原一个个有血有肉的人物形象。组织全媒体记者奔赴各地采访，采访对象年龄跨度创纪录，既有年仅 11 岁的国乐天才，也有高达 103 岁的革命老人。人物类型多种多样，既有功成名就的院士、蜚声海内外的名人，也有普普通通的采棉工、二次创业的人、远涉重洋赴非洲打拼的建筑工人。再就是多角度挖掘提炼，组织编辑记者和专家学者，召开改稿会、编前会、研讨会，认真研究采访素材，寻访记者深入受访者生活、工作的实际环境，充分挖掘受访者在家乡成长的青春经历、在外奋斗的酸甜苦辣、对重庆的深厚情感，辅以对受访者家人、朋友、合作伙伴的采访，深度提炼人物背后的时代际遇、社会环境和发展条件，还原一个个鲜活的逐梦者形象，讲述一个个感人、动人的故事。

在寻访的全球化和全域化基础上，做的第二篇"全"字文章是全媒体采访刊播。创造性地实行全媒体同步采访刊播，共组织重庆日报、重庆电台、重庆电视台、重庆晨报、华龙网等5家市属主流媒体73批次438人次的全媒体记者远涉重洋、全球实地寻访，覆盖北京、上海、广东等31个省、自治区、直辖市、港澳台地区，以及美国、加拿大、英国、德国、法国、澳大利亚、新西兰、南非等19个国家。"逐梦他乡重庆人"的精彩故事自2015年6月18日全媒体同步刊播以来，共刊播482期522位逐梦人物故事，覆盖文化、教育、经济、艺术、科技、餐饮等行业。同时，刊播采访花絮、动态报道、记者随笔、手记等460余篇。由于时代背景各不相同、奋斗经历各有差异，每一个故事都具有独特性，精彩纷呈、引人入胜，受到社会各界的广泛关注。

第三篇"全"字大文章，是全方位动员、全社会广泛参与。这既是一次全市宣传思想文化战线资源的大整合、业务的大练兵，更是一次全社会的整体大动员行动，得到各级领导的高度关心、社会各界的鼎力支持和广大网友的积极参与。中宣部、国务院新闻办、国家广电新闻出版总局、中国记协以及重庆市四套班子主要领导高度评价、充分肯定，重庆市委宣传部、市委外宣办、市商务委、市政府外事侨务办、市对外文化交流中心负责人高度重视、大力支持，市工商联、市教委等部门主动配合、协助开展工作，区县宣传部、外宣办全方位动员、全力搜集遴选，为寻访顺利推进创造了良好条件。融创中国、潍柴英致、中国平安、猪八戒网、伊利集团、周君记、黄花园、江小白、荣昌安陶等知名企业，以及云阳龙缸、南川金佛山等景区先后通过赞助资金、提供产品、作出保障等方式给予大力支持。各参与媒体高度重视，积极配合，选派精兵强将投入采访报道；各参与记者编辑加班加点、不辞辛劳，为寻访成功作出了积极贡献。

尤为重要的是，采访活动激发了社会各界踊跃参与的热情，所开展的"人气总榜""人气周榜"投票80期，总榜投票1200万人次，周榜投票最高达30万人次；采编团队、逐梦人士代表走进重庆大学、西南大学、重庆新闻学院等10所高校新闻学院分享寻访心得、人生感悟，与高校学生互动交流，参与人数达 2000 余人；结集出版《逐梦他乡重庆人》系列丛书（一套六辑，每辑印数 1 万册），发行效果空前，先后脱销。不少网络作家建议在此基础上创作长篇网络小说，制片人建议以此为蓝本拍摄影视剧，音乐人自告奋勇要为寻访创作主题歌。

而且，各行各业的"逐梦他乡重庆人"也通过各种途径和方式积极回馈家乡、奉献社会。罗令、唐天娇、黄辛等逐梦人在巫山实施"走出大山"贫困学生帮扶行动、"大山琴音"艺术启蒙计划、"臻美童年"儿童公益阅读发展计划、"梦想起点"大学生就业扶持计划；福建太尔科技董事长罗令捐出 500 万元，资助贫困大学生；组织者携手"周君记"走进石柱大歇村开展"关爱留守儿童"公益捐赠活动，为 126 名留守儿童分别送上新春佳节的温暖和祝福；"逐梦他乡重庆人"中的 13 位演艺名家回渝举办新年演唱会……

还有一篇"全"字大文章，就是面向全球传播。"逐梦他乡重庆人"系列报道首先在重庆日报、重庆电台、重庆电视台、重庆晨报、华龙网以全媒体形态同步推出，迅速在新华网、人民网、光明网、中新网、新浪网、腾讯网、网易、凤凰网等国内重点网站、省区市新闻媒体以及今日头条、一点资讯等新媒体转载 5.5 万多条次，新闻跟帖 10 万余条。澳大利亚《今日昆士兰》、新加坡《联合早报》、美国《侨报》、西雅图在线、温哥华港湾网、日本《关西华文时报》、福冈 TNC 电视台、中国香港《文汇报》《大公报》《商报》，中国澳门《澳门日报》、中国台湾《旺报》纷纷刊发或转载相关报道。

数据最能说明问题：仅华龙网"逐梦他乡重庆人"专题网页访问量就高达 761 万人次，跟帖 2.3 万余条，"感动""振奋""威武"等词语成为网民使用频率最高的热词。相关视频新闻被央视网、优酷网、土豆网、爱奇艺等国内著名视频网站转载播报 9000 余条，点击量超 5000 万次。微博话题"逐梦他乡重庆人"，讨论人数超过 300 万人次，点击量达 1.7 亿人次。"逐梦他乡重庆人"Twitter 账号持续更新逐梦信息，受到众多海外网民的关注。

据不完全统计，截至目前，相关内容网络点击量突破 3.5 亿人次。

关键词：传播

平民化视角讲述，折射时代奋进主题
分众化集中传播，探索创新表达方式
全程化跟进报道，持续保持传播热度
一体化整合资源，放大故事传播效应

全媒体时代，同一主题的报道如何达成持续有效，甚至高潮迭起的传播，是一个大课题。"逐梦他乡重庆人"以横跨三年的新闻实践，进行了有价值、有意义、有效果的探索。

当下，主题报道如何才能让受众乐于接受？"逐梦他乡重庆人"全媒体大型人物故事寻访，以平民化视角讲述，折射时代奋进主题，紧扣受众需求特点，生动讲述逐梦故事。首先，注重以小见大。组织采访团队深入研究，从小微角度串联情节、架构逻辑，在报道中避免脸谱化、同一化、

程序化，防止人物形象高大全、千篇一律，突出人物个性，力求人物形象
鲜明，有血有肉，真实可信，每一个人物都有一个感人的完整故事，将个
体故事与中国叙事完美结合，生动阐释中国特色社会主义、中国梦、改革
开放等宏大主题，收到良好效果。其次，注重互动体验。寻访不仅局限于
激励人、鼓舞人、警示人的故事本身，还注重受众体验和互动，举办多项
衍生活动，增加传播"厚度"。配套开展主题征文大赛、逐梦人物网络人
气投票活动、专题研讨会、高校分享会、"关爱留守儿童"公益捐赠活动、
逐梦人新年演唱会、回乡行、讲学济困等活动，让受众参与到内容制作中。
网友在华龙网"逐梦他乡重庆人"电脑端专题内的留言已经超过 1000 页，
达 2 万余条，逐梦故事影响深远。有网友留言说："感谢'逐梦他乡重庆人'
这个栏目带给我这么多感动，我也会坚持我的梦想不断努力下去！"再次，
注重引发共鸣。参与报道的媒体，充分把握受众心理，做"有温度"的主旨
传播。逐梦故事约三分之一讲述他乡重庆人在故乡的生活，三分之一讲述
在他乡的拼搏故事，三分之一讲述游子们与故乡的难解情缘。选择的故事
人物，都是重庆人熟悉的名人或与自己有很多相似点的普通人，既是榜样
又可亲、可近、可学。以具体细节、典型事例增强与受众之间的思想交流
和情感互动。在讲故事中，巧妙引入合作精神、志愿服务等国内外受众普

遍关心的话题，潜移默化地传播崇尚和谐、自强不息、兼济天下等中华优秀传统文化，引发受众情感共鸣。

中国记协党组书记、副主席胡孝汉认为："新媒体时代新闻信息传递的最大特征就是碎片化。将宏大叙事的主题宣传化整为零，是重庆这次主题宣传活动的新尝试。"他想表达的，正是"逐梦他乡重庆人"全媒体大型人物故事寻访的"分众化集中传播"。一方面，是宏大叙事的碎片化表达，在表达中突出人物个性，避免脸谱化、同一化、程序化，防止人物形象高大全、千人一面，力求人物形象个性鲜明，有血有肉，真实可信，让每一个感人的完整故事便于记忆，便于传播。"逐梦他乡重庆人"的碎片化故事还在境外广为流传，引起了境外受众的广泛关注。另一方面，是全媒体融合报道。重庆市属各主流媒体加快融合、抱团发力，打造任务和荣誉合一的工作体系，建立统一指挥调度的采编平台，实现逐梦人物故事一次采集、多种生成、多元传播。采访刊播的媒体包括传统平面、电视媒体和新闻网站、手机报、微博微信、新闻客户端等新媒体，几乎覆盖了所有的媒体形态和受众。特别是开通运营"逐梦他乡重庆人"官方微博、微信账号、Twitter账号，制作推出同名专题网页并开设引言、故事、追寻、祝福、反哺、分享、影像、传扬、参与、感悟十个板块。

同时，将传播内容进行分众化表达。不同媒体有不同的受众，为了达到最好的传播效果，相同的人物故事，采取了不同的表述方式。在实践中，重庆日报、重庆电台、重庆卫视、重庆晨报、华龙网等媒体，根据各自不同的受众，对作品内容、形式、表现手法进行了通盘考虑和精心打磨，以文字、音频、视频、图片等方式，全方位、多角度、立体式讲好逐梦故事。

"逐梦他乡重庆人"全媒体大型人物故事寻访时间长、跨度广，容易造成受众的审美疲劳。于是，全程化跟进报道、持续保持传播热度成为有效手段。对每一个逐梦人的采访播出以及反响进行全程跟踪，对存在的问题及时作出调整和引导。采访前，要求采编团队熟悉每个逐梦者的事迹，根据实际情况做好前方同事和后方家人的采访设计；采访中，根据实际存在的问题设计了与主旨相关的套话手册，引导受访者敞开心扉，畅所欲言，配合互动，以利于素材采集，保证刊播效果。在此基础上，组织专家学者定期对刊播效果进行测评，分析报道得失成败，并在后续的采编中加以完善。

仅有全程化跟进还不够，更需要有计划、不间断地策划各项活动，吸引大众参与和关注。寻访开始就特别注重策划各项活动，制造新闻热点，引导受众参与。活动启动前，先期在电视、报纸、网络、各商圈 LED 显示屏、地铁广告、楼宇 LED 显示屏等全媒介开展宣传，广泛刊播"逐梦他乡重庆人"人选征集广告。活动启动后不断开展采编团队进高校分享、"关爱留守儿童"公益捐赠活动、逐梦人新年演唱会、回渝投资创业、讲学济困、回乡行、成立"逐梦他乡公益基金"等主题活动，使活动热度得以持续。

传播效果有了，传播热度持续，如何放大传播效应？寻访报道成功探索了"一体化整合资源"。着眼全社会参与，加强协作联动，形成强大合力。重庆市委、市政府高度重视活动开展，市委主要领导多次作出批示，亲自把脉定向，并在会议、会见和访问等场合大力推介活动。市委宣传部将活动确定为重点工作项目，建立月度、季度、年度联席会议机制，定期研究和部署工作。市文化委、市教委、市工商联、各区县相关部门主动配合，积极协助。在市委、市政府的大力支持下，全国有关方面的资源也广泛参与进来。媒体和市场也同步跟进。寻访过程中，宣传机构抽身后撤，媒体和市场跨步前移，将宣传的主动权充分交给各大媒体和市场，形成了主题宣传由独唱到合唱的转变。由于投入机制创新，整个寻访投入较少财政资金，主要由融创中国、中国平安、潍柴英致、伊利集团、猪八戒网、周君记、

黄花园等知名企业先后赞助资金、提供产品、保障后勤，达到了宣传主管部门、媒体、企业三方多赢的效果。同时，国内国外协同联动。市委宣传部、市委外宣办、市外事侨务办、市文化委、市教委等部门利用新闻参访团外出访问、在国外举办文化节、组织留学生联谊等时机，加强与国外相关机构和人员的联系。参与记者也利用在境外采访的机会，主动接受境外媒体的采访，收到良好的传播效果。

关键词：成效

贯彻了习近平总书记关于"中国梦"的重要论述和中央有关精神
进一步增强了全市人民的凝聚力、向心力
全方位锻炼了全市新闻从业人员队伍
大力促进了全市媒体融合发展
成功展示和营销了重庆城市形象

历时近三年，"逐梦他乡重庆人"全媒体大型人物故事寻访取得了很好的成效，被誉为近年来重庆主题宣传创新突破所取得的新成果，是全市新闻战线"走转改"的生动实践，是重庆精神和城市形象的生动展现，是讲好重庆故事、传播中国声音的有效形式，也是全市宣传思想文化工作实现的新跨越。

可以这样说，这一实践创造性地贯彻了习近平总书记关于中国梦的重要论述和中央有关精神。十八大以来，习近平总书记指出，中国梦的本质和基本内涵就是"国家富强、民族振兴、人民幸福"。"中国梦是国家的、民族的，也是每一个中国人的""中国梦归根到底是人民的梦"，要求"用中国人和中国家庭的精彩故事阐释中国梦"。中宣部作出了关于新闻战线开展走转改"行进中国·精彩故事"的统一部署，国务院新闻办也多次提出要"讲好中国故事，传播中国声音"。如何巧妙地将中央精神与重庆实际相结合，创造性地做好贯彻落实？"逐梦他乡重庆人"全媒体大型人物故事寻访即是一个成功实践的案例——通过全媒体记者奔赴全国、全世界，与一个个个性鲜明、经历迥异的受访者深入沟通交流后取得第一手素材，然后再经过精心打磨成形，生动讲述在异国他乡打拼的重庆人的心路历程和奋斗故事，全方位、多角度呈现每一个个体追梦、筑梦、圆梦的历程，激励全市，乃至全国人民树立正确的人生理想并为之努力奋斗，为实现中华民族复兴的伟大中国梦奉献自己的力量。

通过寻访报道，进一步增强了全市人民的凝聚力、向心力。随着社会转型的加剧，社会思想多元、多样、多变的特征越来越明显。"逐梦他乡重庆人"全媒体大型人物故事寻访通过全媒体采访、刊播重庆人在异地他乡追梦、筑梦、圆梦的生动实践，展示重庆人自强不息、敢为人先的性格特质，展示重庆负重自强、开拓进取的城市精神，生动反映重庆人自信自强、蓬勃向上、和善友爱的精神风貌，进一步激发和增强全市人民的自信心、自豪感、凝聚力，为重庆经济社会各项事业发展营造良好氛围，在市民中和网络上引发热烈反响与共鸣。"逐梦他乡重庆人"成为机关干部、企业职工、学校学生、社区居民和广大网民关注的重点和谈论的话题：一些学校在语文考试中将其作为作文题目，一些企业开展主题征文，一些机关以逐梦为题开展演讲比赛，一些区县、部门将报道过的本地区、本部门的"逐梦他乡重庆人"事迹重新汇编起来，广泛进行二次传播。"生为重庆人，我特别自豪""重庆人在哪里都是好样的""重庆明天会更好"等积极正面的话语占据了微博、论坛上留言、跟帖的主要篇幅，激励着所有重庆人立足本职、负重自强，为推动重庆经济社会各项事业的全面发展贡献力量。

对媒体而言，寻访报道全方位锻炼了重庆的新闻队伍。寻访报道中，共有73批次438人次的全媒体记者奔赴世界各地寻访。每一轮采访组出发前，都要召开专题行前座谈会，交任务、提要求，要求记者树立正确的马克思主义新闻观，要有强烈的责任意识、精品意识、效果意识、持久战意识和危机意识；在外出的采访任务中，认真落实中宣部"走基层，转作风、改文风"的要求，要以高度的责任感和使命感投入到采编任务中去；稿件要接地气，要朴素自然，真实感人。据不完全统计，整个寻访足迹遍布23个国家和地区的150座城市，总体行程超33万公里，平均一个寻访组一次出去就会持续2—3个月，对记者来说是一次全方位的远征。通过大规模的

外出采访，参与活动的记者编辑在实践中经历马克思主义新闻观、职业操守的大轮训，对今后重庆媒体的健康发展和采编水平的提高发挥了积极作用。很多记者在随笔、手记中写道："重庆人在世界各地逐梦，我们的寻访何尝不是逐梦，个中的酸甜苦辣，就是最好的'走转改'""感谢逐梦带给我这么好的学习和锻炼机会，这是我记者生涯中弥足珍贵的记忆。"

除了队伍的大练兵，还有媒体的大融合，寻访报道同样大力促进了重庆的媒体融合发展。

当前，传统媒体转型发展成为一个迫在眉睫的时代课题，融合发展成为不二选择。寻访报道为重庆市属媒体的融合发展提供了一次有益的探索契机。一方面，记者们集体采访，可以互相借鉴，经常共同设计采访方案和采访场景，互相交流采访经验、技巧以及写作手法和角度，提高了作品的水平和档次，增强了现场感和感染力，社会反响良好。另一方面，各媒体充分发挥手机报、微博、微信、APP、新闻客户端等新兴媒体的传播优势，将传统报道或整体转发，或精简改编，根据需要在各种新兴媒体中刊发，参与报道的记者也纷纷借助微博、微信等自媒体转发报道和采访花絮，成倍提升和放大了寻访的宣传效应。

据不完全统计，自2015年6月18日寻访报道正式刊播以来，五家媒体的订阅量、点击率和收视率都有不同程度的提升，重庆卫视《新闻联播》

的收视率、华龙网专题网页的点击率提升幅度一度高达 40% 以上。五家媒体负责人纷纷表示，"逐梦他乡重庆人"已经成了各自媒体的当家品牌栏目。

一如外界一致的评价，重庆通过"逐梦他乡重庆人"全媒体大型人物故事寻访，成功展示和营销了重庆的城市形象。可以这样说，寻访站在历史的视角和高度，采用家乡人的回忆性描述，解答了"城市从哪里来，往哪里去，现实中的存在理由何在，个人和城市是什么关系？"等问题，展示了城市发展的历史性记忆。尤其是在互联网时代，寻访通过城市这个节点进行传播范畴和文化意义上的比较分析，使大众认识重庆这座城市在不同维度所显示出的地位、影响和作用，更凸显对重庆这座城市意义的认识，对重庆这座城市精神价值的认知。寻访系列报道中贯穿融汇多种多样的重庆元素，体现出了重庆人多元的精神和文化气质，例如重情重义、负重自强、不屈不挠、敢为人先、坚韧不拔等品质，可谓"跳出重庆看重庆"。通过对逐梦人物的报道，一个个生动鲜活的具象，被汇聚成了开放、包容、具有活力和希望的重庆形象，更加生动和有血有肉地展示在世界面前。类似的主题宣传活动，既是外宣，也是内宣；既是宣传，也是统战，更是招商，一举多得，意义重大。

关键词：启示

顺大势、巧结合，主题宣传才有"制高点"

受重视、得支持，主题宣传才能"根基牢"

抓典型、重细节，主题宣传才能"进人心"

有特色、够鲜活，主题宣传才有"吸引力"

做规模、扩声势，主题宣传才有"好效果"

"逐梦他乡重庆人"全媒体大型人物故事寻访，是一项既有开创性又取得圆满成功的主题宣传活动。值得点赞的很多，又有哪些是可圈可点的呢？

　　可圈可点之一是：顺大势、巧结合，主题宣传才有"制高点"。主题宣传一定要顺应大形势、满足时代需要，一定要服务当地党委政府中心任务和工作大局，一定要做好与当地实际情况的结合，这是做好主题宣传的基本要求。重庆宣传思想文化战线把贯彻习近平总书记关于中国梦的重要论述、中宣部关于在全国新闻战线开展"行进中国·精彩故事"走转改活动的要求以及国务院新闻办关于"讲好中国故事，传播中国声音"的要求有机结合、融会贯通，并与重庆实际相结合，创造性地推出"逐梦他乡重庆人"全媒体大型人物故事寻访，既有高度，又接地气；既符合时代特征，又适应社会需要，从一开始就占领了"风口"，效果自然事半功倍。

　　可圈可点之二是：受重视、得支持，主题宣传才能"根基牢"。主题宣传的成功，离不开主办单位的统筹协调、推进执行，也离不开各地、各部门的协同配合，更离不开各级领导的高度重视和大力支持。"逐梦他乡重庆人"全媒体大型人物故事寻访紧紧围绕中央、全市有关精神和要求展开，从一开始就得到中宣部、国务院新闻办、国家新闻出版广电总局、中国外文局、中国记协、人民日报、新华社和重庆市商务委、市政府外事侨务办、市教委、市国资委、市工商联以及各区县，乃至社会其他各界的大

力支持和协助。重庆市四套班子主要领导先后就寻访作出重要批示，更是为寻访的顺利开展和有序推进创造了条件、营造了氛围。

在这样一个时空、跨度都很大的寻访报道中，值得总结和推广的还有这条经验——抓典型、重细节，主题宣传才能"进人心"。主题宣传要提升影响力、增强吸引力，很重要的一点就是要注重内容的选择和报道深度的挖掘，特别是典型人物、典型细节的选取和挖掘。要把每篇报道做深、做细、做实，必须在细节上下功夫，详尽挖掘一些鲜为人知的人物和故事，用鲜活的典型、感人的细节让受众感受到主题宣传可亲可敬、可信可学。寻访报道抓住人物对家乡的记忆，如泡菜、花椒、辣椒、黄桷树等事物，以及与家乡的联系等细节，通过具象的人，成功汇聚成重庆城的形象，使主题宣传真正有厚度、有温度，深入人心。

仔细梳理和总结也会发现，有特色，够鲜活，主题宣传才有"吸引力"。在"信息快餐时代"，新闻经常以"读秒"的方式被人遗忘或舍弃，主题宣传往往容易陷入刻板说教、枯燥无味、套路模式等怪圈而达不到应有的效果。所以创新重大主题宣传，一个很重要的方面，就是要深入基层、倾听基层声音，善于从群众语言中汲取智慧和养分，创新文风和表现形式，既要讲营养，更要够鲜活，从而给人以清风扑面、清新可人，甚至醍醐灌顶、当头棒喝的感觉，使主题宣传成为"耐用品"，甚至"收藏品"。寻访报道把"求新、求变、差异化"作为一项基本要求，特别注重人物个性，报道一入题就能把受众带入故事场景，瞬间抓住受众眼球。所以报道尽管持续了三年，受众却始终感觉新鲜、有料，像电视连续剧、章回体小说一样，每天守着看，实属不易。

凡事讲求一个规模效应，就像"逐梦他乡重庆人"全媒体大型人物故事寻访一样，做规模、扩声势，主题宣传才有"好效果"。只有规模、声势起来了，主题宣传才能真正产生影响。在组织重大主题宣传时，要做到"十个手指并用"，通过集中、持续、大规模的宣传报道，努力营造强劲有力的舆论氛围。寻访报道整合了重庆所有电视台、报纸、网站、手机报、微博、微信、新闻客户端等媒体资源，借助中央、境外媒体拓宽宣传渠道，举办主题延伸活动，开发主题衍生产品，不断丰富主题内涵，提升主题影响力，不断壮大品牌效应，实现对受众的全媒体无缝覆盖，从而确保活动的知名度和影响力。

　　"逐梦他乡重庆人"全媒体大型人物故事寻访，从启动之初外界反馈的"值得期许"，到最后的"可圈可点"，给了受众一连串的惊喜。为了这份群体"答卷"，参与者横跨三年，行程超 33 万公里，足迹遍布 23 个国家和地区 150 座城市。

彰显家国情怀，激发梦想力量

□ 戴 娟

万物之中，梦想最美；最美之物，永不凋零。

怀着对外面世界的美好向往，万千巴渝儿女走出重山、穿过峡谷，勇敢地去追逐心中的梦想。他们的身影，遍布中国每个角落；他们的足迹，留在世界版图的各个地方。

他们骨子里流淌着远古巴人的血液，耿直善良、重情重义、吃苦耐劳、踏实肯干……他们将巴渝精神传播到大江南北、世界各地，架起重庆与外界沟通交流的桥梁。

为记录逐梦他乡重庆人的光荣与梦想，自 2015 年 2 月起，重庆市委宣传部、市委外宣办、市商务委、市政府外事侨务办、市对外文化交流中心共同主办了"行进中国·精彩故事"——"逐梦他乡重庆人"全媒体大型人物故事寻访。

横跨三年，来自重庆日报、重庆电台、重庆电视台、重庆晨报、华龙网等五家市属主流媒体 73 批次 438 人次的全媒体记者远涉重洋，全球实地寻访，覆盖北京、上海、广东等 31 个省、自治区、直辖市、港澳台地区以及美国、加拿大、英国、德国、法国、澳大利亚、新西兰、南非等 19 个国家。

自 2015 年 6 月 18 日开始，"逐梦他乡重庆人"的精彩故事全媒体同步刊播 482 期，还原了在他乡打拼的重庆人的奋斗和坚守，也带给世人无穷的感动和激励。

他们是梦想家，他们更是实干者！

有一种信念坚如磐石

此次寻访的人物中，既有众人瞩目的明星大腕，有成绩斐然的学术大师，有保家卫国的军中健儿，也有平凡无奇的普通人士，他们从事的行业覆盖经济、文化、教育、艺术、科技等多个领域。从年龄上看，既有寿高103岁的革命老人，也有年仅11岁的国乐天才。有的人已经获得了鲜花掌声，有的人还在创业路上继续砥砺前行。

522位逐梦人，522个不同的人生故事，然而相同的是，他们都有一种坚如磐石的信念，凭借对梦想的执着追求和付出的辛勤汗水，演绎出一个个在他乡追梦、筑梦、圆梦的精彩故事。

首位受访者是传奇人物马识途。从事党的地下工作期间，他经历过很多次死里逃生；作为书法家，他享誉天下；作品《清江壮歌》多次再版，已发行了数十万册；《盗官记》被改编成热播电影《让子弹飞》后，让他成为家喻户晓的人物。

"此头十度寻阎王，而今仍然在颈项。"受访时已经101岁高龄的马老说，自己坎坷一生，历经磨难，对国家今天的繁荣发展，更觉来之不易，备感珍惜。"我希望看到一个好的社会，好的中国，这就是我最大的信仰！"

"80后"国际著名钢琴家李云迪，出生在重庆大渡口一个普通家庭，然而他在7岁接触钢琴之初，便有了"成为钢琴大师"的梦想。从此连续数年，无论寒冬还是酷暑，每个周末他都要从重庆坐火车到成都上课，再坐火车回重庆，时间冗长，练习枯燥，可他却从不觉得累。

"每个人来到这个世界都不容易，不仅仅是寻求一个安安稳稳、平平淡淡的生活。"说这话的是重庆姑娘张紫渝，她渴望有一个有声有色的人生。2012年，她从外企辞职，来到北京。她梦想"做一碗有情怀的互联网小面，把重庆小面推向世界"。通过打拼，她开启了全新的互联网O2O送货模式。在她看来，北漂不苦，只因有梦。

梦想从来不分国界。卓强，从小酷爱狮子。2004年，他在肯尼亚马赛马拉国家保护区首次目睹一群野生狮子，内心震撼，潜藏于心的梦想被激发。此后他放弃了在重庆安稳的工作，只身前往肯尼亚，成为第一个远赴非洲从事野生动物保护工作的中国人，当上了奥肯耶野生动物保护区的一名巡守员。从那时起，他便更名为"星巴"，创办马拉野生动物保护基金会，并在央视直播节目《东非野生动物大迁徙》中担任转播顾问。

作为自由撰稿人、环球旅行作者的余莹，她曾从事"世界上最好的工作"——大堡礁看护员，也是中国大陆唯一从事这项工作的女性。她说"梦想会让你走得很远"。在自己不断践行梦想的同时，她想知道世界上更多的人是怎样实现梦想的，于是开始环球采访，并在2012年出版《出发，和每个人谈一次梦想》。通过不断逐梦，她更加坚信，只要坚持，梦想都会实现的。

有一种精神荡气回肠

"理想很丰满，现实很骨感。"逐梦的过程从来不会一帆风顺。

这些"逐梦他乡重庆人"的追梦故事，涉及各行各业、各个人群，看起来很散，但围绕"在外拼搏的重庆人"这一主线，最终刻画出一组重庆人的精神群像，那就是性格豪爽、敢于拼搏，不畏艰险，勇于爬坡上坎。这种荡气回肠的逐梦精神，鼓舞更多人努力去点亮心中的灯塔。

因为《我是歌手》，2013年，重庆籍歌手黄绮珊一夜之间红了。黄绮珊30多年的歌唱之路交织着追寻、等待和失望，她曾经"歌红人不红"，同时出道的歌手都红了，她还在给大咖们唱暖场。最潦倒的时候，她一个人在北京过春节，把省下的机票钱寄给在重庆的母亲。"疲惫与失望交加，我甚至曾多次想到了自杀。"声名鹊起之时，这个"大器晚成"的歌手的经历告诉人们，不是每一个人的成功都能轻易到来的，也许需要等待，更重要的是不放弃。

45岁的重庆人尤良英，为吃饱饭远赴新疆打拼，24年间凭借勤劳肯干，靠种棉花扎了根，过上小康生活；因为热心善良，他还帮助维吾尔族同胞脱贫致富，成为维吾尔族同胞尊敬的"阿佳（姐姐）"。2015年国庆节前夕，这个逐梦新疆的重庆女子第一次来到北京，作为全国民族团结典型人物，受到党和国家领导人接见。

中国工程院院士蹇锡高在离家上大学时，只穿了一双草鞋，提着姐姐陪嫁的一个小箱子就上路了。而今，他已在高性能工程塑料领域获得丰硕的成果。"不要以为学习和工作是苦差事，一个人如果有自己的梦想，有自己想干的事业，就是幸福的。只有不辞辛苦，才能永不心苦。"

40岁的宋明文是重庆奉节人，他做过工人，开过出租车，销售过楼盘，创业之路几起几落，初心不改，最终以差异化竞争，成功创办家具公司。他说，这些年打拼的最大收获不是物质财富，而是"敢想敢做敢拼才能赢"的道理。自己之所以失败后又成功，全凭重庆人的耿直、热情、精明和勤劳。

逐梦者的故事告诉我们："没有什么能够阻挡逐梦者的脚步，除非你自己放弃。"

逐梦者的故事也感动着许多人，有网友留言说："感谢'逐梦他乡重庆人'这个栏目带给我这么多感动，我也会坚持我的梦想不断努力下去！"

重庆市委宣传部常务副部长周波则表示，通过展示在异地他乡重庆人的奋斗故事，折射出重庆人百折不挠、敢为天下先、吃苦耐劳的优秀品质，彰显这方水土养育的巴渝儿女的特质。"他们作为重庆人、作为中国人，每一个追梦、筑梦、圆梦的过程，都是中华民族实现伟大复兴的过程，他们也将成为中华民族伟大复兴的见证者。"

有一份情怀刻骨铭心

"重庆，我向往的美丽城市。山城，为我编织迷人的梦境……"一个人思念家乡的方式有很多，远离家乡的重庆人、福建省重庆商会秘书长李吉华的方式是写诗。

对逐梦他乡的游子而言，故乡是镌刻于血脉中的印迹，刻骨铭心，挥之不去。他们把巴山渝水、麻辣味道打包装进记忆，也把重庆人的性格和品质装进了行囊。

正如李吉华所说，重庆性格给了其圆梦的勇气，而重庆山水则是他写诗创作的灵感之源。

从风景如画的永川老家只身来到新疆戈壁滩，带领工友们在茫茫沙漠里修建公路四十多年的范高生，因为思念老家的黄桷树和山山水水，2006年开始在戈壁滩上打造绿洲生态园，特地从重庆带去黄桷树、小叶榕树苗移栽。

著名军旅歌唱家张迈，对家乡有着太多难以割舍的感情。她说，重庆直辖那年，她唱了一首《祝福重庆》，在直辖二十周年时，她还准备了一首歌，叫作《风景里的风景》送给家乡。而"逐梦他乡，落叶归根"更在自己的计划之列，她说，自己是喝嘉陵江水长大的孩子，走远了，长大了，就要回家了。

"无论走多远，离家多久，重庆始终是我们的根。"这是"逐梦他乡重庆人"台湾报道组的记者们在海峡对岸采访时听到最多的肺腑之言，而这也代表了所有异地逐梦重庆人的心声。

尽管离家千万里，他们同样尽自己最大的力量，装扮重庆这座城市的光荣与梦想。

享有"青春片教父"称号的张一白，出生在枇杷山上一个普通的工人家庭。他在山城找到城市影片的灵感，虽然他坚持不把电影拍成一部城市宣传片，但毋庸置疑，正如他自己所说："全中国都在通过我的电影了解重庆。"

在日本福冈开火锅店的老板朱大明坦言，当初的逐梦是为了挣钱，那是个人的发展。现在，他有一个更大的梦想，就是要通过自己的跨国"朋友圈"在福冈宣传重庆、在重庆推介福冈，促进重庆与福冈"牵手"，为两地展开合作做点牵线搭桥的事情。

事实上，随着"逐梦他乡重庆人"全媒体大型人物故事寻访的深入，各行各业的"逐梦他乡重庆人"也通过各种途径和方式积极回馈家乡、奉献社会。感人事迹不胜枚举——罗令、唐天娇、黄辛在巫山启动"走出大山"贫困学生帮扶行动、"大山琴音"艺术启蒙计划、"臻美童年"儿童公益阅读发展计划、"梦想起点"大学生就业扶持计划；福建太尔科技董事长罗令捐出500万元，资助贫困大学生。逐梦人中的13位演艺名家回渝举办新年演唱会，组织全球逐梦人开展"新春送祝福"等活动。

在重庆成为直辖市二十周年来临之际，逐梦他乡重庆人纷纷以图文、音视频等方式，记录"二十周年我最想对重庆说的话"，向家乡送上特别的问候和祝福。

不同的人，不同的梦想，不同的逐梦故事，构成了"重庆梦""中国梦"。在全球一体化更加开放的社会形态下，有更多的重庆人逐梦他乡，也有越来越多的外地人逐梦重庆。

人潮人海中，我们的逐梦故事永远在路上！

为梦想拼搏折射时代奋进主题

□ 匡丽娜

每个人都有一个或大或小的梦想。

中华民族也有一个跨越世纪的梦想——国家富强、民族振兴、人民幸福。这也是亿万中华儿女内心深处的渴望。

我们依靠什么凝聚人心、汇聚力量，将民族复兴的梦想化为现实？在追逐梦想的征程上，又有多少平凡英雄，传承和弘扬中国精神，在追逐"个人梦"中为实现"中国梦"添砖加瓦？

自2015年2月起，重庆以"中国梦"主题宣传为契机，启动"逐梦他乡重庆人"全媒体大型人物故事寻访。522位逐梦人的故事，被全国各大媒体转载5.5万多条次，新闻跟帖10万余条，微博话题"逐梦他乡重庆人"讨论人数超过300万人次、点击量达1.7亿人次。据不完全统计，截至书稿发稿，相关内容网络点击量突破3.5亿人次。

"逐梦人"的故事深深地打动了重庆人民、全国人民，乃至海外华人和外国友人，起到了激发正能量、凝聚"中国梦"认同感和归属感的作用，为重庆经济社会发展提供了重要的精神动力。

实现中国梦必须弘扬中国精神。"逐梦他乡重庆人"只是众多逐梦人中的一个群体，而"逐梦他乡重庆人"全媒体大型人物故事寻访从每个具体人物为梦想拼搏的小切口进入，通过系列报道折射了这个时代奋进的主题。

逐梦他乡重庆人

Chongqing Flyers

幕后·综述

一次新闻战线"走转改"的生动实践

2016 年 7 月，东非肯尼亚首都内罗毕。

在三名身材高大、身穿保安制服、手握步枪的当地人护送下，重庆日报记者王翔和同行的几位采访"逐梦他乡重庆人"的记者抵达当地的酒店。

"晚上不要出去，更不要单独行动。"当地人提醒他们。

为了报道需要，记者一行还是冒险到酒店外去拍摄了几组外景镜头。就在他们结束采访返回宾馆房间时，墙外突然传来一阵密集的枪声。"我们赶紧蹲下来，不敢靠近窗户，以避开流弹。"王翔说，他们后来得知，当晚警察在清查恐怖分子。

到了北非苏丹，危险指数进一步升级，当地政府军队与反政府武装随时有交火的可能。连同王翔在内的 6 名重庆记者，在 45 天里辗转非洲五国，他们用笔和镜头记录了 20 多位重庆人在非洲的逐梦历程，精彩纷呈的故事令人拍案叫绝。

"本来可以去安全区域采访，但我们还是选择了更危险的前线，因为这里有重庆人更精彩的逐梦故事。"王翔说。

到新闻的最前线去，这是每个"逐梦报道组"记者内心秉承的原则。自 2015 年 2 月"逐梦他乡重庆人"全媒体大型人物故事寻访开展以来，在这三个年头里，无论是在南国雨季，还是在北国雪夜，无论是在祖国的万里山川，还是在千里迢迢的异国他乡，都留下了采访组记者的脚印。

2015 年 4 月，江浙沪采访组在 20 多天时间里辗转了七八个城市，记者采访完后为赶时间，就在高铁列车上写稿子，在路边蹲着吃盒饭，有的记者累得在换乘车站抱着行李就睡着了。

2016 年 1 月，全国多地大幅降温。逐梦采访组在内蒙古零下 40 摄氏度的寒冷天气中奔走采访，出门不到两分钟，记者的睫毛上就结了冰，连眼镜镜片都挂上了冰凌。

2017 年春节前夕，整整两个多月时间，境外采访组在离家乡一万多公里之地奔波。

"寻访活动并不是轻松的'美差'，而是对自己心智的磨炼。想写好稿子必须下苦功夫，鲜活的人物、感人的故事都在广阔的基层。"《重庆日报》年轻记者杨骏说。

"采访报道别人的故事，也使我们获得前行的力量。"重庆广电集团记者吴春春说。

"'逐梦'报道不仅体现了重庆人自强不息的性格特征，也反映了重庆新闻工作者执着的情怀，是重庆新闻战线'走转改'的生动实践。"正如中国记协党组成员、书记处书记潘岗所说，"逐梦"系列报道不仅用润物细无声的报道感动影响了读者，也锻炼了记者队伍，磨炼了他们的心智，可谓一举多得。

一个具有创新示范意义的传播案例

十八大以来，习近平总书记要求"用中国人和中国家庭的精彩故事阐释中国梦"。中宣部也作出了关于新闻战线开展走转改"行进中国·精彩故事"的统一部署。国务院新闻办也多次在全国对外宣传工作会议上提出要"讲好中国故事，传播中国声音"。如何巧妙地将中央精神与重庆实际相结合，创造性地做好贯彻落实工作呢？

"逐梦他乡重庆人"全媒体大型人物故事寻访便是一次生动有效的实践。作为重庆直辖二十周年的一份献礼，"逐梦他乡重庆人"全媒体大型人物故事寻访报道自2015年6月18日重庆直辖十八周年纪念日，在报纸、电视、广播、网络和微博微信平台全媒体刊播出来，截至2017年5月12日，累计刊播482期522位逐梦人的精彩故事。

这些"逐梦人"，覆盖文化、教育、经济、艺术、科技、餐饮等行业。他们中既有成功人士，也有平民英雄，他们凭借对梦想的执着追求和挥洒辛勤汗水，践行了在他乡追梦、筑梦、圆梦的精彩故事，抒写了重庆人自强不息、开拓进取的精神。

江苏电视台主持人、重庆崽儿孟非在接受记者采访时，用一句"随遇而安"道出了重庆人天生的乐观和积极向上的个性。他说："随遇而安不是消极认命，不是意味着做事可以不认真，世上哪有不努力就能取得成功的呢？重庆人是最能吃苦的！"

用"一碗小面传递爱的温度"的普通打工夫妻艾勇和庞文英，他们用平凡的行动、朴实的心灵展现了重庆人热情耿直、真诚守信的品质。

重庆市委宣传部常务副部长周波说："'逐梦人'的精彩故事挖掘了重庆这座城市的精神内涵，既是一次对广大受众的精神洗礼，也是一次成功的城市形象营销，起到了激发和增强全市人民自信心、自豪感、凝聚力的作用。"

事实也正是如此。"逐梦他乡重庆人"以平民化视角的呈现方式，让站位高、有厚度的主题宣传受到普通群众的追捧。在相关报道的网络留言上，"感动""振奋""威武"成为网民使用频率最高的热词。

网友纷纷留言："这些故事贴近重庆人的生活，触动每个游子内心最柔软的地方，充满了人性和温度！"

精彩的稿件，深切的情怀，"逐梦"报道也深深打动了专家学者。

"'逐梦'报道无疑是一个具备创新示范意义的传播案例。"《对外传播》主编于运全赞叹。

"'逐梦'报道是媒体存在价值、存在方式的一种尝试。"复旦大学新闻学院院长尹明华称，"让那么多重庆人带着对世界的经历和观察来谈论家乡，用场景和细节来展开情怀，是最好的教育引导方式。"

"这样的报道体现出开阔的国际视野。" 在中国外文局副总编辑兼融媒体中心主任、中国报道杂志社社长陈实看来，"逐梦他乡重庆人"这个看上去"宏大叙事"的活动，在表述时却选择了"具体而微"的方式，聚焦于讲述一个个鲜活具体的梦想故事，通过个体追梦、筑梦、圆梦的历程，激励重庆人民，乃至全国人民树立正确的人生理想并为之努力奋斗。让国内外受众听得懂、听得进，是将城市形象传播与国家理念完美结合的典范。

为新时期的新闻舆论工作提供了经验

"当前，传统媒体转型发展成为一个迫在眉睫的时代课题，如何实现传统媒体的融合发展是我们一直探究的主题。"重庆市委宣传部常务副部长周波说，"逐梦他乡重庆人"全媒体大型人物故事寻访便是其中的一次尝试。

在"逐梦他乡重庆人"全媒体大型人物故事寻访中实现了全媒体融合报道。市属各主流媒体抱团发力，建立了统一指挥调度的采编平台，实现逐梦人物故事一次采集、多种生成、多元传播的效果，采访刊播的媒体几乎覆盖了所有的媒体形态和受众。

同时，在整个"逐梦他乡重庆人"寻访报道过程中，活动宣传机构抽身后撤，将宣传的主动权充分交给各大媒体和市场，形成了主题宣传由独唱到合唱的转变。

融创中国、中国平安、猪八戒网、周君记、黄花园等知名企业先后为寻访赞助资金，提供产品和技术支持。这些投资企业实现了社会效益和经济效益的双赢。

与此同时，围绕"逐梦他乡重庆人"开展了"人气投票"、采播团队走进高校分享会等活动，结集出版了"逐梦他乡重庆人"系列丛书（一套六辑，每辑印数1万册），进一步扩大了"逐梦他乡重庆人"在社会各层面的影响力。

三年来，"逐梦他乡重庆人"全媒体大型人物故事寻访引发社会广泛关注和好评。

2015年，"逐梦他乡重庆人"全媒体大型人物故事寻访被中国外文局评为"全国对外传播十大案例"之一。

2016年，中宣部在部刊《宣传工作》专刊刊发寻访活动情况，以经验推广的形式向全国介绍"逐梦他乡重庆人活动，讲好中国故事"的事迹。

中宣部新闻局《新闻评阅》刊发了《〈重庆日报〉通过"逐梦他乡重庆人"讲好中国故事》一文，对"逐梦他乡重庆人"报道工作给予了充分肯定。

逐梦精神成为人生前行的力量

□ 彭 瑜

　　逐梦他乡重庆人的故事就像一座宝库，每个人都可以从中汲取到自己需要的精神营养。

　　耿直善良、重情重义、吃苦耐劳、踏实肯干……522 个逐梦人，他们或已成功，或正在启程，或行至中流，或接近巅峰，或在挫折中奋争，但他们从不言败，从不畏难。

　　有什么样的价值观就会有什么样的人生，这些价值观不但支撑着逐梦人坚持、坚守，他们的逐梦故事也正在引起人们对人生观、价值观的思考，成为更多人逐梦前行的力量。

逐梦故事，展示了城市发展的历史性记忆，刻画出重庆人的精神群像

　　"辞亲负笈出夔门，三峡长风涌巨澜。此去燕京磨利剑，不报国仇不回还。"这是百岁老人马识途投身革命，船过三峡夔门时写的《出峡》诗。1938 年，老人加入共产党。入党仪式上，他把本名马千木郑重改成马识途。他说："从今天起，我有了前进的方向，识途了！"

　　罗开勇，不到 30 岁就积攒起百万家产，但因赌博输得精光。最终，他从挫折中醒悟、从迷途里回归。他从建筑工人干起，最后研发"黑佳猪"，生产放心肉，不到 40 岁的他又积累起千万资产，成为云南创新创业的典型和脱贫攻坚带头人。

一场车祸，让张巍在异国他乡的病床上躺了 45 天，他没敢告诉家人。是同学的精心护理让他站了起来。之前，张巍只有一个念头：念好书回国找个好工作。他说，这件事让他明白懂得感恩比功成名就更重要。从此，他做了一名志愿者。

……

重庆市委宣传部常务副部长周波说，他们的故事展示了城市发展的历史性记忆，也是社会变化的人文性展现，"他们的逐梦故事集聚在一起刻画出了重庆人的精神群像"。

"我是典型的重庆人，敢闯敢拼，不怕输。"很多逐梦人，与合川的"80 后"江东海一样，用个体的故事体现了重庆人自强不息、勤劳吃苦、开朗乐观、永不言败、热心助人的巴渝文化基因，"耿直善良、重情重义、吃苦耐劳、踏实肯干……成了我们重庆人最鲜明的特征。"

逐梦之路从来都是艰辛的，也不是随随便便就能取得成功的。罗开勇说，一个人的梦想有多远，他就能走多远，对梦想的执着让他坚持了下来。

重庆工商大学文学与新闻学院院长蔡敏称，一个个生动的逐梦故事，能够引发人们对于中国梦、对于人生价值的追求和思索。对梦想的执着，其实质就是对价值观的坚守。

逐梦故事，是一节生动的梦想课堂，
产生了巨大的社会共鸣

"诚然，梦想的力量是强大的，榜样的作用更是无穷。通过一个个逐梦故事，我们分享了一个个家乡人火热的创业及追梦之旅，聆听了他们艰苦打拼、不言放弃的内心独白，更发现了他们强大的梦想原动力……"

这是在"逐梦他乡重庆人"征文比赛中，市民吴洪浪的文章《在梦想的引领中前行》里写下的话。一个个精彩的故事都是以小事件透视大时代，以小人物折射大变化，以小故事揭示大趋势。而这些人物和故事，让大家寻找到了重庆城市文化的共性，产生了共鸣。

据不完全统计，截至目前，"逐梦他乡重庆人"相关内容网络点击量已突破 3.5 亿人次。澳大利亚《今日昆士兰》、新加坡《联合早报》等境外媒体纷纷刊发或转载相关报道。

"拼搏""情怀""骄傲""启迪""学习"等是品读逐梦故事后，网民留言使用频率最高的词汇。而这些热词的背后，不只是他们因逐梦故事而感动，更引起了人们对人生、对梦想的思索。

2016 年 8 月 25 日，由逐梦他乡重庆人代表、福建太尔电子科技股份有限公司董事长罗令发起的"走出大山"帮扶行动走进巫山。罗令出资 500 万元成立"逐梦他乡公益基金"，资助巫山县部分外出就读的贫困大学生，每人每年补助 6000 元学费，直到完成学业。

与此同时，四川音乐学院民乐系古筝专业教师唐天娇实施"大山琴音"艺术启蒙计划——捐赠两部古筝，每年定期在该县开展古筝表演艺术培训及乡村支教活动；北京臻美儿童公益阅读馆创始人黄辛实施"臻美童年"儿童公益阅读发展计划——捐赠儿童图书若干，并逐步在巫山县建立儿童公益阅读馆模式，开展阅读启蒙教育；黄花园酿造调味品有限责任公司实施"梦想起点"大学生就业扶持计划——该公司将为贫困大学生提供实习、兼职岗位，提供发展平台。

除了"逐梦他乡重庆人"征文比赛、"走出大山"帮扶行动外，寻访活动还举办了逐梦人物网络人气投票、专题研讨会、"关爱留守儿童"公益捐赠、逐梦人新年演唱会、回渝投资创业、回乡行、结集出版"逐梦他乡重庆人"系列丛书等多项衍生活动，注重用户体验和互动，增加了传播"厚度"。

"网上线下的互动，形成'重庆逐梦'现象。"复旦大学新闻学院院长、教授尹明华认为，这些可亲、可敬、可学的逐梦故事，唤起读者强烈的国家、家乡意识，起到了激发正能量、凝聚"中国梦"认同感和归属感的作用，为重庆经济社会发展提供了重要的精神动力。

市民刘军说，品读逐梦人的故事，让他在潜移默化中接受了崇尚和谐、自强不息、兼济天下等中华优秀传统文化的熏陶；同时，"逐梦"更像一个生动的梦想课堂，为梦想插上飞翔的翅膀，让他对未来充满了希望。

逐梦故事，正影响、改变和重构人们梦想背后的价值观

"看了这么多逐梦他乡重庆人的故事，最大的体会和收获是什么呢？"这是"逐梦他乡重庆人"采编团队分享会 4 月 7 日走进重庆文理学院时收到的学生们的提问。分享人告诉青年学子："人一定要有梦想！并且任何时候都不能放弃梦想！"

事实上，很多的逐梦人在外打拼是艰难的。他们背井离乡，经历着巨大的文化碰撞，但他们却坚持了下来，获得了成功。

青年学子们纷纷表示，逐梦故事的确让他们感动、让他们心动，更让他们决心行动！但他们也在思索："梦想的方向在哪儿，逐梦的动力何来，逐梦人靠什么坚守？"

"有什么样的价值观就会有什么样的人生！"分享人告诉大家，支撑这种坚持的力量就是梦想背后的价值观，它决定了逐梦者的人生方向与价值。

分享人说，核心价值观其实也就是一种"德"。国无德不兴，人无德不立。"一个人如果没有核心价值观这样一个大德，就无法立足于社会，更谈不上梦想的实现。"

所以说，中国梦是国家的、民族的，也是每一个中国人的。中国梦归根到底是人民的梦。

逐梦他乡重庆人为什么能够走出去？为什么能够梦想成真？是时代提供了追逐梦想的机遇。这个时代就是个逐梦的时代，有很多种选择、多种可能的时代，一个个逐梦故事是最好的脚注。

"'逐梦他乡重庆人'巧妙地把国家梦想、城市精神和个人奋斗串联起来了。"北京日报总编辑赵靖云认为，这组报道通过描写个人的梦想，折射国家的梦想；通过写个人的精神，折射城市的精神；通过讲人物故事，来讲重庆故事，讲中国故事。"对内弘扬了城市精神，对外推广了城市形象，弘扬了社会主义核心价值观。"

自 2016 年以来，"逐梦他乡重庆人"采编团队、逐梦人士代表先后走进重庆大学、西南大学、重庆新闻学院、四川外国语大学、重庆理工大学、重庆邮电大学、重庆文理学院、三峡学院、长江师范学院、西南政法大学

等高校新闻学院分享寻访心得、人生感悟，与高校师生互动交流，参与人数达 2000 余人。

　　"我品读的不只是一个个逐梦故事。" 重庆文理学院大二学生徐玉茹称，这是一堂精彩的人生分享课，同时也是一堂社会实践课。她认为："'逐梦他乡重庆人'的意义更在于正影响、改变和重构人们梦想背后的价值观。"

800多个日夜追梦不停，
522个逐梦故事绘就时代画卷

□ 杨 野

 2017年5月，随着逐梦人物庞中华故事的刊播，历时三年，覆盖全中国31个省区市、港澳台地区以及美国、加拿大、英国、德国、法国、澳大利亚、新西兰、南非等19个国家的150座城市，总体行程逾33万公里，全球实地寻访522人的全媒体大型人物故事寻访——"逐梦他乡重庆人"，将暂告一段落。

 由重庆市委宣传部、市委外宣办、市商务委、市政府外事侨务办、市对外文化交流中心共同主办的"行进中国·精彩故事"——"逐梦他乡重庆人"全媒体大型人物故事寻访，自2015年2月正式启动以来，一直持续到2017年6月18日。三年里，重庆日报、重庆电台、重庆电视台、重庆晨报、华龙网等5家市属主流媒体的全媒体记者，共438人分73批次进行了全球实地寻访，前后刊播了482期共522位逐梦人的精彩故事，产生了较好的社会影响。同时，还刊播了采访花絮、动态报道、记者随笔、手记等460余篇。

 重庆市委宣传部常务副部长周波认为，此次集中式人物寻访报道，将宏大叙事的主题宣传化整为零，是重庆主题宣传活动的新尝试。

 在寻访活动进行的同时，重庆市委宣传部还组织采编团队、逐梦人士代表，走进重庆大学、西南大学、重庆新闻学院等10所高校新闻学院分享寻访心得、人生感悟，与高校学生互动，参与人数达2000余人。

 《重庆晨报》、华龙网开展的《逐梦他乡重庆人》征文大赛，共收到全市市民、全国网友来稿250余篇，征文数量和质量总体较高。

 本次活动在2015年被中国外文局评为"全国对外传播十大案例"之一。

逐梦他乡重庆人

幕后·综述

Chongqing Flyers

活动还结集出版了《逐梦他乡重庆人》系列丛书。

2016 年，中宣部向全国介绍了"逐梦他乡重庆人活动讲好中国故事"的经验，"逐梦"活动获得了中宣部、国务院新闻办、市主要领导及社会各界的一致好评和广泛认可，创造了重庆新闻史上的新纪录，为重庆直辖二十周年献上了一份厚礼。

寻访并记录那些为梦想奋斗、创造美好未来的逐梦人，还原一个个鲜活的人物，讲述一个个感人的故事，是"行进中国·精彩故事"——"逐梦他乡重庆人"全媒体大型人物故事寻访活动的初衷。

在台湾地区 92 岁 "老重庆" 的故乡情结

有的逐梦人与故乡重洋相隔，不能常回家看看，日暮乡关，每次思乡心切，乡愁便似故乡的炊烟一般，萦绕在他们心头。在实地采访中，采访组记者无不被这些逐梦人浓浓的乡情所感染。在台湾地区的一次采访中，92 岁高龄的刘文彬老人说，他离开重庆铜梁半个多世纪，故乡只能出现在梦里，直到福建沿海与金门、马祖地区恢复直接往来，他才得以返乡看看。他不顾年事已高，一遍一遍地往返于台北和重庆铜梁之间，达 17 次之多。见到家乡记者时，刘文彬老人哭得像个小孩，他说："我想家啊！"

为了给家里写信，没上过一天学的刘文彬天天上夜校，勤奋习字，最后终于通过信件与失散 50 多年的亲人联系上。

心有千千结，是在台湾地区的原重庆籍逐梦人真实的内心写照，大陆、故乡成为了他们心中解不开的结。他们渴望回归，渴望两岸和平统一，渴望认祖归宗，为祖国强盛出力。

逐梦人回报桑梓初心未改

让梦想照进现实，是每一个逐梦人的心愿，他们获得了成功后，往往还想着家乡，"心系桑梓，回报家乡"的初衷未变。孙玉平家里至今仍悬挂着五星红旗，这位日本神户大学的结构力学教授，在接受采访时，从包里掏出有些发软的护照说："我依然有中国国籍，虽然在日本生活多年，但我没忘记我是中国人。"由于时常回国交流，孙玉平的这本护照用得有些旧了。

孙玉平说："是国家培养了我，出钱送我出国留学。当年第一次踏出国门时，我心中最大的念头就是早日学成，报效祖国。"如今，他正在践行当年的诺言，将自己所学、所研究的地震方面的成果写成文章，多次发表在相关专业杂志上，供国内同行参考。

汶川地震后，孙玉平多次回国参加灾后重建工作，在震后防灾、灾后重建等方面献计献策。同时，作为在日本工作的地震专家，孙玉平还主动参与中日地震技术人员培养项目。

激发重庆人强烈自豪感

"哦，这个人原来是我们家乡人啊，能干！""逐梦他乡重庆人"系列报道让市民越来越多地了解到在异国或异乡拼搏的那些重庆人的故事，在他们身上找到了共同点，并产生共鸣。一种自豪感在市民之间传递。

"莫愁前路无知己。"对于这522位逐梦他乡的重庆人来说，故乡重庆就是他们的根，家乡人的认同就是对他们最好的褒奖。而在他们身上，市民也看到了重庆人乐观开朗的性格和奋发图强的精神。

正如重庆市委宣传部常务副部长周波所说："也许在逐梦过程中，并非人人都能成功，但他们追求成功、追逐梦想的历程，值得我们学习、欣赏、效仿。我相信还有更多的逐梦故事正在上演，不仅是外出逐梦的重庆人，还有很多逐梦重庆的外乡人，他们都值得我们聚焦和持续关注。"

踏实坚守铸就精彩报道

为做好"逐梦他乡重庆人"的寻访，各参与媒体高度重视，积极配合，选派精兵强将投入采访。有记者即便父亲病危但仍选择了坚持，有记者因此推迟了婚期，正是这份坚守，铸就了一篇又一篇的精彩报道。

如重庆晨报记者徐菊，在采访组赴加拿大采访的第二天，就接到了身患癌症的父亲病重的消息，她在电话那头失声痛哭，但依然选择了坚守，继续完成采访。于是，她白天采访，晚上就和父亲的主治医生通电话，关注父亲的病情。让徐菊非常感动的是，父亲在病危时依然不忘叮嘱她认真工作。

寻访活动开展三年来，共有 73 批次 438 位全媒体记者不远万里，跋山涉水，赴世界各地采访，平均一个组在外要持续采访 2—3 个月，参与活动的记者编辑在实践中经历了马克思主义新闻观、职业操守的大轮训。

引全球媒体聚焦反响热烈

"逐梦他乡重庆人"系列报道除了重庆本地媒体刊播外，新华网、人民网、光明网、中新网、新浪网、腾讯网、网易、凤凰网等国内重点网站，省、区、市新闻媒体及今日头条、一点资讯等新媒体也进行了转载，转载达 5.5 万多条次，跟帖数量 10 万余条。华龙网"逐梦他乡重庆人"专题网页的访问量高达 761 万人次，跟帖 2.3 万余条。"感动""振奋""威武"等词语成为网民评论时使用频率最高的热词。而相关视频新闻也被央视网、优酷网、土豆网、爱奇艺等国内著名视频网站转载播报 9000 余条，点击量超 5000 万次。微博话题"逐梦他乡重庆人"的讨论人数也超过 300 万人次，点击量达 1.7 亿人次。

同时，"逐梦他乡重庆人"Twitter 账号持续更新逐梦信息，受到众多海外网民关注。澳大利亚《今日昆士兰》、新加坡《联合早报》、美国《侨报》、西雅图在线、温哥华港湾网、日本《关西华文时报》、福冈 TNC 电视台、中国香港《文汇报》《大公报》《商报》，中国澳门《澳门日报》、中国台湾《旺报》纷纷刊发或转载相关报道。

据不完全统计，截至目前，相关内容网络点击量突破 3.5 亿人次。

《人民日报》刊发《"逐梦他乡重庆人"活动——发掘逐梦人物，描摹拼搏群像》，全面介绍活动基本情况和做法。新华社刊发《"逐梦他乡重庆人"激发家国正能量》等文章，充分肯定活动成效。

在中国新闻界具有标志意义

"行进中国·精彩故事"——"逐梦他乡重庆人"全媒体大型人物故事寻访活动，得到各级领导高度重视，积极评价，并在全国范围内作为创新经验予以推广。正如重庆市委主要领导批示的："我几乎每期都看了，节目办得真实、生动、鲜活，感动人、激励人、充满正能量，催人奋进，取得了很好的效果。"

这次活动被誉为近年来重庆市主题宣传创新突破所取得的新成果，是重庆市新闻战线"走转改"的生动实践，是重庆精神和城市形象的生动展现，是讲好重庆故事、传播中国声音的有效形式，也是重庆市宣传思想文化工作实现的新跨越。

中国记协党组书记、副主席胡孝汉评价认为，"行进中国·精彩故事"——"逐梦他乡重庆人"全媒体大型人物故事寻访活动不仅是重庆新闻界里程碑式的事件，在中国新闻界也具有标志性意义。

逐梦他乡重庆人 Chongqing Flyers
幕后·综述

纪 事 >>>

2015 年

2月5日，"行进中国·精彩故事"——"逐梦他乡重庆人"全媒体大型人物故事寻访新闻通报会召开，面向全球征集人物线索，标志着寻访活动全面启动。

2月10日，四家企业与寻访组委会签署协议，宣布为寻访提供赞助和支持：其中"融创中国"地产独家冠名，"潍柴英致"汽车提供全程用车服务，"中国平安"提供记者出行保险，"猪八戒"网络公司提供技术支持。

2月15日，社会各界对寻访活动反响强烈，通过自荐、他荐和单位推荐的人物线索达到300余人。

3月10日，国内采访出征仪式举行，首批出发的4个采访组分赴北京、广东、福建和四川等地采访。

3月16日，组委会举行新闻发布会，正式向全社会征集采访用车的彩绘图案。

4月9日，采访用车彩绘图案征集反响热烈，上百人投稿，投稿作品总数达到161幅。

4月中旬，国内采访组陆续分赴北京、江浙和云贵高原等地采访。

5月中旬，国内采访组陆续分赴云南、湖南、湖北、北京、浙江等地采访。

6月16日，寻访活动举行系列报道刊播启动仪式。"逐梦"记者代表现场分享了自己采访过程中的感悟和故事。

6月18日，寻访系列报道正式在《重庆日报》、《重庆晨报》、华龙网、重庆电台、重庆电视台全媒体同步刊播，获得广大观众点赞。

6月中旬，国内采访组陆续分赴北京、广东、福建、西藏、陕西等地采访。

7月18日，寻访系列报道刊播届满一个月，在重庆市民中引起强烈反响和共鸣。

8月19日，重庆市委宣传部常务副部长、市委外宣办（市政府新闻办）主任周波主持召开专题会，总结前期工作，研究如何

逐梦他乡重庆人

幕后·纪事

Chongqing Flyers

进一步做好寻访活动。

9月8日，重庆市委常委、宣传部部长燕平主持组织召开专题会，对寻访活动取得的良好开局给予肯定，研究解决了寻访活动面临的困难和问题，就做好下一阶段工作提出要求。

9月中旬，国内采访组陆续分赴新疆、山东、天津、东北、宁夏等地采访。

9月15日，"周君记"火锅食品公司与寻访组委会达成一致协议，从10月起，为寻访提供产品支持，一直持续到活动结束。

9月20日，"潍柴英致"五辆采访用车全部涂装完成并交付五家媒体使用。

9月25日，伊利集团重庆分公司与寻访组委会达成一致协议，为寻访提供支持。

9月30日，"逐梦他乡重庆人"人气榜首榜投票启动，对已经刊播的共72名对象进行投票。

10月8日，人气榜首榜投票破10万，总票数达到10.12万票。

10月中旬，国内采访组陆续分赴广东、海南、四川、云南等地采访。

10月12日，寻访组委会联合"周君记"在猪八戒网全球征集"献给逐梦人的家乡味道"礼盒包装设计图案。

10月13日，人气榜首榜投票结束，总投票数超过31万票。光线传媒总裁助理田甜、援藏干部刘厚成、中国驻德国杜塞尔多夫总领事冯海阳分别摘得冠、亚、季军。

10月16日，寻访组委会启动人气榜周榜投票，每周对5名报道对象进行人气投票，广大市民可以为自己心仪的"逐梦他乡重庆人"投票，并赢取伊利集团提供的盒装牛奶礼品。

11月2日，"献给逐梦人的家乡味道"礼盒包装设计图案征集大赛落幕，来自辽宁鞍山的羽论创意作品拔得头筹，获得万元大奖。

11月4日，首批境外采访组出征，18名记者分赴美国、加拿大、英国、法国、澳大利亚、新西兰6个国家采访。

11月5日，寻访活动被中国外文局评为"2015全国对外传播十大案例"之一。

11月7日，"逐梦他乡重庆人"廖勇回馈家乡，带着昆明聂耳交响乐团在南岸艺术中心剧场演出。

11月12日，重庆市委宣传部副部长张永才主持召开刊播百期座谈会，与媒体记者代表、高校专家学者一起交流、分享心得，对下一阶段的工作进行安排部署。

11月13日，寻访系列报道刊播100期。先后获得了中央政治局委员、重庆市委书记孙政才，重庆市长黄奇帆、市人大主任张轩、市政协主席徐敬业等四套班子主要领导批示肯定。

11月20日，寻访采播群体获得重庆市记协通报表彰，获颁"'逐梦他乡重庆人'全媒体采播群体特别奖"称号。

11月下旬，国内采访组陆续分赴安徽、江西、广州等地采访。

12月8日，国内采访组完成对美籍华裔女演员、奥斯卡奖评委、好莱坞编剧家协会会员陈冲的采访。

12月15日，国内采访组赴福建采访。

12月23日，加拿大华人网站温哥华港湾（bcbay.com）、美国《侨报》报道了北美采访组在加拿大的采访经历，引起当地华人的积极关注。

12月下旬，国内采访组陆续分赴内蒙古、山西、广西、江西、安徽等地采访。

12月30日，境外采访澳新组返渝，重庆市记协常务副主席冯建新带队接机。

2016 年

1月9日，境外采访美加组返渝，重庆市记协常务副主席冯建新带队接机。

1月10日，境外采访英法组返渝，重庆晨报总编辑刘长发带队接机，第一轮海外采访圆满结束。

1月23日，《逐梦他乡重庆人》系列丛书第一辑正式出版发行，重庆市委宣传部常务副部长、市委外宣办（市政府新闻办）主任周波，重庆日报报业集团总裁向泽映为新书揭幕。

2月1日，奉节县开始为人气榜投票提供脐橙礼品支持。

2月4日，寻访组委会联合"周君记"在石柱大歇镇举行"关爱留守儿童"公益捐赠活动。

2月23日，重庆市委宣传部常务副部长、市委外宣办（市政府新闻办）主任周波主持召开专题工作会，总结寻访活动启动一周年来的主要成效，分析存在的问题与不足，对下一步工作作出安排部署。

2月24日，重庆市委宣传部常务副部长、市委外宣办（市政府新闻办）主任周波主持召开港澳采访组行前会。

2月25日，寻访活动启动一周年，系列报道被国内重点网站转载3200条次，新闻跟帖26 000余条。在微博中形成了"逐梦他乡重庆人"话题，参与讨论人数达72万人次，点击量超过7300万人次。

3月17日，寻访采编团队走进高校分享会正式启动，第一站走进了重庆新闻学院，重庆师范大学党委副书记龚燕、党委宣传部部长陈洪出席，200多名学生积极参与并同采编团队进行了热烈互动。

4月1日，节目刊播200期。"逐梦他乡重庆人"全球征文大赛活动全面启动。

4月2日，国内采访组完成对中国科学院院士、空军工程大学教授李应红的采访。

4月7日，国内采访组完成对国家一级演员、中国作家协会会员、中国电影家协会会员刘晓庆的采访。

4月11日，寻访采编团队高校分享会第二站走进重庆大学新闻学院。重庆大学党委常委、宣传部部长李学静，新闻学院院长董天策出席。150名师生热情参与并同采编团队进行了热烈互动。

4月15日，国内采访组完成对核物理学家、中国科学院院士张焕乔的采访。

4月25日，中央电视台四套《华人世界》栏目开始从重庆电视台调取片子，选播寻访系列报道中的境外"逐梦他乡重庆人"。

4月28日，重庆市委宣传部常务副部长、市委外宣办（市政府新闻办）主任周波主持召开专题会议，研究部署寻访系列丛书编辑出版工作。

5月1日，涪陵区开始为人气榜投票提供"辣妹子"大礼包礼品支持。

5月4日，国内采访组赴北京采访。

5月9日，境外采访日韩组启程。

5月17日，寻访系列报道第一季度最佳报道评选出炉，《不要抱"冲刺诺奖"的想法搞科研》《志愿者乐宏在新疆：赠人玫瑰，手留余香》《北极战士》等8篇文章获奖。

5月24日，寻访采编团队高校分享会第三站走进西南大学新闻传媒学院。西南大学党委副书记安春元、党委宣传部部长潘洵、西南大学新闻传媒学院院长虞吉出席，200多名学生认真参与并同采编团队进行了热烈互动。

6月15日，《逐梦他乡重庆人》系列丛书第二辑正式出版发行，重庆市委宣传部常务副部长、市委外宣办（市政府新闻办）主任周波，重庆日报报业集团总裁向泽映为新书揭幕。截至日前，百度搜索有相关内容45.9万余条，新闻跟帖7万余条。新浪微博中的"逐梦他乡重庆人"话题，参与讨论量超180万人次，点击量超1.35亿人次。

6月16日，"行进中国·精彩故事"——"逐梦他乡重庆人"全媒体大型人物故事寻访报道研讨会举行，来自中国记协、中国社科院、复旦大学、中国人民大学等50余家单位近百名专家学者齐聚一堂，就逐梦寻访进行研讨。中国记协党组成员、书记处书记潘岗，中国外文局副总编辑陈实来渝参加研讨会。

6月20日，为期近三个月的"逐梦他乡重庆人"征文大赛结束，共收到来自全球各地的250余篇征文，《他乡逐梦，嫁对重庆人！》

荣获特等奖,《在梦想的引领中前行》《逐梦他乡三字歌》《嘿,你知道吗?——致逐梦》等三篇文章荣获一等奖,征文大赛取得圆满成功。

6月22日,国内采访组赴北京采访。

6月23日,国内采访组在西南大学单独采访了中国抗战大后方研究协同创新中心研究员、西南大学历史学博士张克雷。

6月27日,境外采访日韩组返渝。

6月28日,融创中国成渝区域公司、猪八戒网络公司与寻访组委会达成协议,连续第二年赞助和支持逐梦寻访活动。

6月30日,2016第二季度最佳报道评选出炉,《陈希垚:新西兰的重庆"天才移民"》《重庆妹子刘晓庆》《钟亚玲:从嘉陵江入"大海"的女儿》等7篇文章获奖。

7月5日,《中国新闻出版广电报》头版头条刊发《1.32亿点击量传递"寻访"正能量》,对逐梦寻访给予高度评价。

7月5日,国内采访组陆续赴西安采访。

7月16日,境外采访非洲一组启程。

7月16日,"逐梦他乡重庆人"唐天娇回渝举办"打开艺术之门"古筝专场音乐会公益演出和讲座,2000余名市民观看演出。

7月20日,中宣部新闻局《新闻评阅》(第289期)刊发文章《重庆日报通过"逐梦他乡重庆人"讲好中国故事》,对逐梦寻访给予充分肯定。

7月20日,境外采访非洲二组启程。

7月27日,新华社《内参选编》(第29期)刊发《"逐梦他乡重庆人"主题宣传出彩的启示》;《对外传播》(第7期)刊发消息《"逐梦他乡重庆人"研讨会举行》;《新闻战线》(2016.07〈上〉)用21个内页版,刊发"逐梦他乡重庆人"研讨会专题报道。

7月28日,国内采访组赴南京完成对东南大学党委书记易红、中国医学科学院皮肤科医院主任医师陈敏的采访。

8月1日,忠县开始为人气榜投票提供忠州豆腐乳礼品支持。

8月2日，重庆市委外宣办（市政府新闻办）副主任马然希主持召开专题会，研究如何提升逐梦采访报道质量。

8月5日，新华社刊发文章《"逐梦他乡重庆人"激发家国正能量》，对逐梦寻访给予充分肯定。

8月12日，境外采访非洲一组返渝，重庆市政府新闻办副主任马然希带队接机。

8月25日，关爱贫困学生主题活动在巫山县举行，启动实施"走出大山"贫困学生帮扶行动、"大山琴音"艺术启蒙计划、儿童公益阅读发展计划、大学生就业创业帮扶计划等关爱帮扶活动。

8月26日，寻访系列报道刊播届满300期。

9月2日，境外采访非洲二组返渝，重庆日报报业集团副总裁、重庆日报总编辑张小良带队接机。

9月9日，国内采访组完成对中国女子跳水队运动员、奥运冠军施廷懋的采访。

9月18日，国内采访组陆续分赴广西、云南等地采访。

9月25日，部分"逐梦他乡重庆人"受访者回渝参访，感受家乡新变化。

9月26日，国内采访组完成对中国女子排球运动员、奥运冠军袁心玥的采访。

9月30日，第三季度最佳报道评选出炉，《刘玲玲：首位担任国际足联新闻官的中国人》《张师与：15岁成为世界上最年轻的记忆大师》《追梦女孩钟亚华》等7篇文章获奖。

10月9日，国内采访组赴北京采访。

10月19日，《逐梦他乡重庆人》系列丛书第三辑公开出版发行。重庆市委宣传部副部长张永才、重庆日报报业集团党委书记管洪共同为新书揭幕。

10月27日，《网络传播杂志》刊发文章《逐梦他乡重庆人，个体织就中国梦》，对活动进行的深度、广度以及带来的正能量效应作出了高度赞扬。

11月1日，云南双江勐库冰岛古树茶厂开始为人气榜投票提供冰岛普洱茶礼品赞助。

11月8日，国内采访组完成了对著名书法家、中国硬笔书法协会名誉主席庞中华的采访。

11月15日，中宣部《宣传工作》（第61期）刊发经验材料《"逐梦他乡重庆人"活动讲好中国故事》，并配发宣言评论《向世界讲好中国故事》，向全国推介重庆经验。市领导先后就"逐梦他乡重庆人"获中宣部肯定作出重要批示予以肯定。

11月20日，"逐梦他乡重庆人"受访者傅晓田回渝与重庆大学新闻学院的师生们分享在凤凰卫视的记者经历。

12月1日，天友乳业公司开始为人气榜投票提供牛奶礼包支持。

12月3日，《人民日报》第6版刊发《"逐梦他乡重庆人"活动——发掘逐梦人物，描摹拼搏群像》，并配发宣言评论《向世界讲好中国故事》，称活动聚焦普通人真实生动的小故事，映射中国改革发展的大场景，是讲好中国故事的有益探索。

12月5日，境外采访意大利、西班牙组返渝，重庆市政府新闻办对外新闻处带队接机。

12月26日，《逐梦他乡重庆人》（第一辑、第二辑、第三辑）成功获评2016年度"十大渝版图书"，并列居首位。

12月31日，人气总榜投票踊跃，总票数达到475.5万余票。

2017 年

1月1日，云阳县开始为人气榜投票提供龙缸景区门票支持。

1月6日，"祝福家乡——'逐梦他乡重庆人'新年演唱会"在重庆师范大学校友会堂成功举行，13位"逐梦他乡重庆人"中的文艺人士回渝演出，超十万网友观看直播。13位逐梦他乡重庆人在市内进行了参访，感受家乡发展变化。

1月13日，10位"逐梦他乡重庆人"图片展亮相重庆北站南北广场的"梦想驿站"，来往旅客纷纷驻足观看。

1月18日，寻访系列报道刊播届满400期。

2月6日，河北省委外宣局副局长王凤带队来渝考察调研逐梦寻访经验。

2月8日，重庆市委宣传部常务副部长、市委外宣办（市政府新闻办）主任周波主持召开境外采访台湾组行前会，对赴台寻访提要求。

2月14日，境外采访台湾组启程。

3月1日，荣昌区开始为人气榜投票提供荣昌陶礼品支持。

3月3日，重庆市委宣传部常务副部长、市委外宣办（市政府新闻办）主任周波主持召开专题会，研究部署回乡行活动。

3月14日，最后一批国内采访组启程，分赴北京、湖南、广东、上海、浙江、江苏等地采访。

3月17日，重庆市委宣传部常务副部长、市委外宣办（市政府新闻办）主任周波主持召开专题会，商讨外宣品、回乡行、大联欢晚会等相关事宜。

3月21日，《逐梦他乡重庆人》系列丛书第四辑正式出版发行。重庆市委宣传部常务副部长、市委外宣办（市政府新闻办）主任周波，重庆日报报业集团总裁向泽映，南岸区委书记郑向东为新书揭幕。

3月23日，境外采访台湾组返渝，重庆市记协副主席丁道谊带队接机。

3月23日，寻访采编团队高校分享会第四站走进四川外国语大学。四川外国语大学党委宣传部部长崔光军、传媒学院院长严功军以及200名师生热情参与并同采编团队进行了热烈互动。

3月28日，寻访采编团队高校分享会第五站走进重庆理工大学。重庆理工大学党委宣传部部长李岚以及150名师生热情参与并同采编团队进行了热烈互动。

3月31日，寻访采编团队高校分享会第六站走进重庆邮电大学。重庆邮电大学党委副书记游敏惠、党委宣传部副部长朱方彬、传媒艺术学院党委副书记张慧等校院领导出席，200余名学生热情参与并同采编团队进行了热烈互动。

4月7日，寻访采编团队高校分享会第七站走进重庆文理学院。副校长万书辉、重庆文理学院党委宣传部部长周文东、文化与传媒学院院长李天福等校院领导出席，200余名师生热情参与并同采编团队进行了热烈互动。

4月10日，寻访采编团队高校分享会第八站走进重庆三峡学院，重庆三峡学院党委副书记崔广平、党委宣传部部长陈孝胜等校院领导出席，200名学生热情参与并同采编团队进行了热烈互动。

4月11日，寻访采编团队高校分享会第九站走进长江师范学院。长江师范学院党委副书记张辉、党委宣传统战部长盛全生、传媒学院院长韦济木等校院领导出席，200余名师生积极参与并同采编团队进行了热烈互动。

4月14日，最后一批国内采访组返渝，重庆市记协副主席丁道谊带队接机。三年时间内，重庆日报、重庆电台、重庆电视台、重庆晨报、华龙网等5家媒体73批次438人次的全媒体记者足迹覆盖北京、上海、广东等31个省、自治区、直辖市、港澳台地区以及美国、加拿大、英国、德国、法国、澳大利亚、新西兰、南非等19个国家，总行程超过33万公里。

4月18日，广大市民和网友对逐梦寻访关注度、参与度持续高涨。微博话题"逐梦他乡重庆人"讨论人数近270万人次，点击量达1.7亿人次；仅华龙网"逐梦他乡重庆人"专题网页访问量就超过747万人次。

4月19日，重庆市委宣传部常务副部长、市委外宣办（市政府新闻办）主任周波主持召开专题会，安排部署收尾工作。

4月21日，寻访采编团队高校分享会第十站走进西南政法大学。新闻传播学院院长李珮、西南政法大学党委宣传部副部长张治中、法学院党总支副书记王晓等校院领导出席，150余名师生积极参与并同采编团队进行了热烈互动。

5月5日，重庆市委宣传部常务副部长、市委外宣办（市政府新闻办）主任周波主持召开专题会，审定"逐梦他乡重庆人"回乡行大联欢活动初步方案。

5月5日,重庆市委宣传部常务副部长、市委外宣办(市政府新闻办)主任周波主持召开专题会,研究部署"逐梦他乡重庆人"回乡行大联欢活动。

5月12日,寻访系列报道正式收官。近两年时间,5家媒体共刊播482期精彩故事,广泛涉及522人。中央电视台、新华社、《人民日报》、《光明日报》、中新社、《中国青年报》、《中国日报》、《新闻出版广电报》、《新闻战线》杂志、新浪网、腾讯网、网易、凤凰网、爱奇艺、优酷、今日头条、一点资讯等媒体进行了大量报道和转载。据不完全统计,截至目前,相关内容网络点击量突破3.5亿人次。在微博中形成的"逐梦他乡重庆人"话题,讨论人数超过300万人次,"感动""振奋""威武"等词语成为热词,等等。激励着所有重庆人立足本职、负重自强,为推动全市经济社会事业全面发展贡献力量。

5月15日,"逐梦他乡重庆人"人气榜评选结束。两年多来,共举办"人气榜"投票80期,吸引1200万人次网友参与。

5月19日,《逐梦他乡重庆人》系列丛书获得重庆市"五个一工程奖"。

5月31日,《逐梦他乡重庆人》第五辑和第六辑出版。至此,《逐梦他乡重庆人》系列丛书全部出版完成。

面孔 >>>

自 2015 年 2 月正式启动，横跨三年，到 2017 年 6 月 18 日正式收官。寻访创造性地实行全媒体同步采访刊播，共组织重庆日报、重庆电台、重庆电视台、重庆晨报、华龙网 5 家市属主流媒体 73 批次 438 人次的全媒体记者远涉重洋、全球实地寻访。

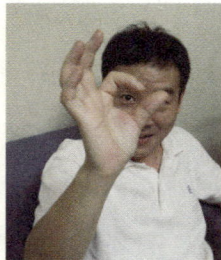

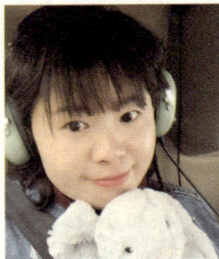

足 迹 >>>

全媒体大型人物故事寻访在全球实地寻访，参与者横跨三年，整个寻访足迹遍布 23 个国家和地区 150 座城市，总体行程超 33 万公里。覆盖北京、上海、广东等 31 个省、自治区、直辖市、港澳台地区以及美国、加拿大、英国、德国、法国、澳大利亚、新西兰、南非等 19 个国家。

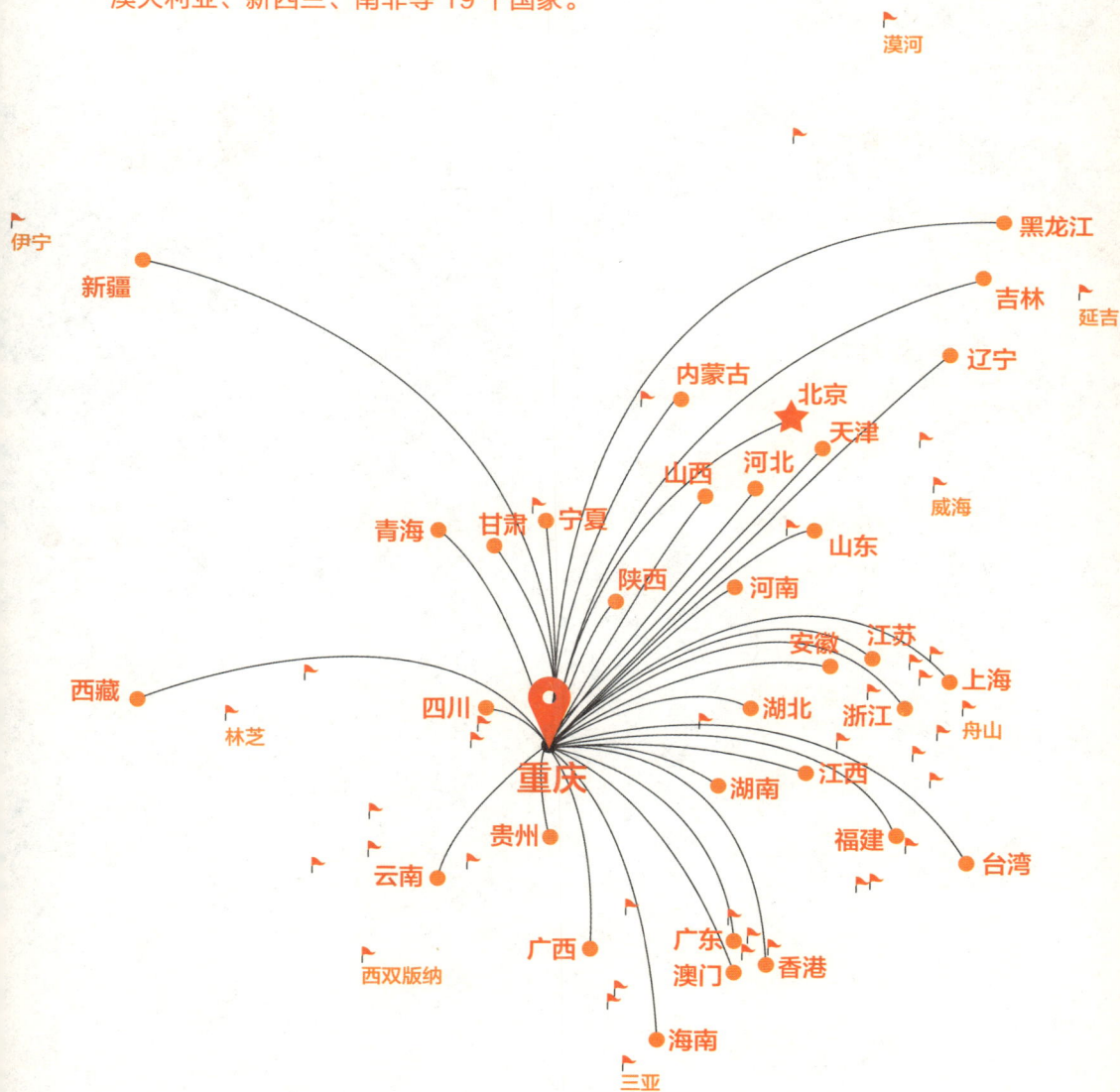

漠河

伊宁

新疆

黑龙江

吉林

延吉

内蒙古

北京

辽宁

天津

山西

河北

威海

青海

甘肃

宁夏

山东

陕西

河南

安徽

江苏

上海

西藏

四川

湖北

浙江

舟山

林芝

重庆

湖南

江西

贵州

福建

台湾

云南

西双版纳

广西

广东

澳门

香港

海南

三亚

60

英国
法国
西班牙
意大利
阿尔及利亚
苏丹
利比里亚
乌干达　肯尼亚
坦桑尼亚
南非
韩国
澳大利亚

加拿大

美国

新西兰

札 记 >>>

海阔天高任遨游
——"逐梦他乡重庆人"北美行侧记

□ 向泽映

羊年金秋,天高云淡。

一架波音 777 客机从北京经太平洋上空至北美,划了一条长长的弧线,像一道绚丽的彩虹,更像是一座友谊的桥梁。

由重庆市委宣传部、重庆市政府新闻办、重庆日报报业集团、重庆广电集团组成的"逐梦他乡重庆人"北美行大型人物故事寻访活动正式启动,一场中国新闻史上规模空前的跨境报道大戏就此拉开帷幕。

此次北美寻访活动分成两个小分队,前后两个多月,深入美国洛杉矶、西雅图、芝加哥、华盛顿、纽约和加拿大多伦多、温哥华等地,拜访使馆,会见同乡,对接采访。寻梦、追梦、拍梦、写梦,收获颇丰,感悟良多。

"天使之城"的中国天使

2015 年 10 月 9 日下午,由重庆市委宣传部常务副部长周波任组长的北美寻访先遣小分队一行六人,经过 12 小时航程,来到了美国洛杉矶。

洛杉矶是美国西部海滨城市,按照人口排序,是加利福尼亚州的第一大城市,也是美国的第二大城市,总人口 400 多万。多年来,这个富于传奇、极度浪漫的地方,成了全世界豪门巨贾、明星达人公认的"天使之城"。

一下飞机,旅美华侨李建明接到我们就急忙往主城区赶,原来,中国驻洛杉矶总领馆孙鲁山副总领事和在大洛杉矶地区的重庆人已在一家中餐馆等候多时。

周波简要介绍了此行的背景、目的、计划和安排，希望得到总领事馆的支持和帮助。

孙鲁山是山东人，他和新闻人仿佛"见面熟"。原来，山东电视台以前开办过《天南海北山东人》节目，他本人在加拿大多伦多常驻时，节目组也采访过他。"但像《逐梦他乡重庆人》这样大规模、长时间的节目还未曾见过。"他对重庆如此大手笔开展"中国梦"的宣传深表钦佩和赞赏，并表示全力配合把寻访活动组织好、实施好。

孙鲁山介绍，分布在世界各地的华人 4000 多万，美国是全球第二大华人聚居地，有三四百万。他谈起对重庆人的印象："在美国的重庆人开放、敬业，进取心强，数量不太多，但影响力很大，在许多行业，特别是在科技、教育界多有建树。他们秉持着爱国爱乡的宝贵品质，与祖国内陆紧密相连，发挥了独特的桥梁、纽带作用。"

"海阔凭鱼跃，天高任鸟飞。"一同餐叙的重庆老乡中不少人已是业界翘楚，在中美科技文化交流中扮演着另一种"天使"的角色。

51 岁的万大庆，璧山区人，在国际数学杂志上发表论文 100 篇，其中 7 篇论文在国际最高水平学术刊物发表，解决了著名的 Dwork 猜想等一系列数学顶尖难题。他通过各种渠道与国内科研机构合作，现主持中科院百人计划和国家自然科学海外杰出青年基金项目各一项。

毕业于重庆大学的陈肖纯，在洛杉矶创办了一家工商管理培训中心，也是国务院外国专家局批准的境外八大培训中心之一。在国内，他成功创办了郑州布瑞达理工职业学院，后来改名郑州城市学院。为此，河南省政府授予他"黄河友谊奖"。

重庆老乡冉雄飞毕业于西南师范大学（现西南大学），原是中央电视台体育频道的专职记者。2009 年，他怀揣当一个"超级英雄"的梦想，漂洋过海到美国南新罕布什尔大学攻读体育管理硕士研究生。他组建了中国龙体育俱乐部，用业余时间带领一批包括自己的儿子卡卡在内的足球队员，希望帮助那些追求职业理想的运动员梦想成真。"经过几年拼搏，四名队员通过代表州最高层次的 NHPSA 俱乐部选拔。"冉雄飞激动地向我们介绍，仿佛在进行球赛现场解说，"卡卡，也入选了！"

听了一个个鲜活的逐梦故事，我们心生敬佩：这些来自重庆的"天使"，真的了不起！

重庆遇上西雅图

采访第二站：西雅图。

对许多重庆人来说，西雅图并不陌生，因为西雅图和重庆早在1983年就缔结了"姊妹城市"关系。西雅图被认为是垃圾音乐、油渍摇滚的诞生地，也是重庆人喜欢的星巴克咖啡的发源地。我们到西雅图时，正巧中央电视台中文国际频道在播放《城市1对1：重庆对话西雅图》。

西雅图是拍摄电影的好地方，据说以西雅图为背景的电影达36部之多，多年前，一部《西雅图夜未眠》让西雅图成了众多男女眼里的"爱情圣地"。2013年，《北京遇上西雅图》作为情感戏的华语影视剧续写了《西雅图之恋》的浪漫：来自中国大陆的弗兰克医生与代孕女文佳佳在片中细腻、生动的情感演绎，成为华人圈里的热门话题。

影视是现实的观照。大多数华人刚到西雅图时，工作、生活充满艰辛，他们的奋斗经历都是一部部传奇。像弗兰克医生这样的"美漂"原型大有人在。

说来也巧，在西雅图港湾一家古香古色的中国餐厅，我们所采访的"逐梦人"有好几位就来自医疗界。

毛尔加，56岁，地地道道的渝中区人。20世纪70年代读书有讲究："学好数理化，走遍天下都不怕。"他则选择了学医，他的理想是当个医学家。1979年他考入华西医科大学口腔系，1988年由国家教委派往英国谢菲尔德大学留学，攻读口腔病理学博士。从1992年到1996年，他又赴西雅图一家癌症研究中心和华盛顿州立大学牙学院读博士后。1996年他又在俄罗冈医科大学继续进修牙周病学和牙种植学。别人读书，最多不过"十年寒窗"，他一读就半个甲子。毛尔加医生成了中国的"白求恩"，不远万里来到美国，并获得了华盛顿州牙科行医执照。2003—2006年，他连续被同行评为"美国最佳牙医"。他现任美国西北牙周病和牙种植中心主任，西北华人口腔医学会会长。

毛尔加教授的夫人叫张维，非常热心，听说我们要来采访重庆老乡，马上联络了来自重庆铜梁的杨剑锋医生。

杨医生曾就读于重庆一中，67级学生，成都中医学院毕业后去美国深造并取得博士学位，后留校任教中医药学。和毛尔加从事牙医相比，杨剑锋在美国执业的难度可想而知。且不说行医执照难获得，光要改变美国人对中医根深蒂固的偏见就令人伤透脑筋。巴蜀自古多名医，诸如涪翁、程高、郭玉之类。杨医生博采古今，中西合璧，先在西雅图华人聚集区开中医中药店，悬壶济世，口碑传名。如今，杨剑锋已拥有多家中医和针灸诊所，成了闻名遐迩的大医生。

谈及中医成就，杨剑锋甚是谦虚，忙把老中医马寿椿推到前台："马老才是中医大家，有料。"

马寿椿，少年时期就读于重庆八中，在国内的大学主攻中医，毕业后有志于出国创业，现执业并定居于西雅图。

"中医一开始并不被理解、接纳。许多外国人看到中医的针灸、刮痧、拔罐觉得挺神秘，有的还以为是东方巫术。"马寿椿说，"现在好了，中医得到认证了。"马寿椿行医、执教40多年，医理精深，经验丰富。他用中医理论和临床实践，医治了大量疑难病症。尤其难得的是提出了"癌在三焦"的理论，由此总结出独特的预防和治疗方法，对癌症治疗有了较大突破。他是全美首批17位免考获得中药资格认证者之一，并几次为全美中医针灸考试委员会题库出题。1996年，马寿椿获华盛顿州中医针灸学会年度风云人物奖。

马寿椿已经71岁了，但容光焕发，声如洪钟："人活着要有目标，不管什么年龄的人都应该在希望中生活，才有意义。"他希望中医国际化进程快马加鞭，对中医的传承充满自信，并用一副对联激励后生——上联："千里重山出竹笋，个个成竹"；下联："万顷碧波养珠蚌，蚌蚌生珠"。

马老的女儿马蕾，已经44岁，也曾就读于重庆八中。她本来是学理科，搞高科技的，大学毕业后曾任美国波音公司资深软件工程师。但她从小受父辈影响，喜欢医道。后来，她跳槽，改行，任美国波士顿科技医疗器械公司心率管理部软件研发组长，负责研发植入式心脏起搏器、心脏除颤器。

马蕾还是一位出色的医药义务宣传员：2015年9月24日，彭丽媛陪同习主席访西雅图，马蕾在华人圈里发了照片："第一夫人探访顶级癌症研究中心。"10月5日晚23时26分，她像新闻记者一样第一时间抢发快讯：中国药学家屠呦呦荣获2015年诺贝尔医学奖。她在微信里发评论："感觉是开心骄傲的一天。祖先的智慧得到传承发扬，几代人默默无闻的努力与付出，得到诺贝尔医学奖的肯定。医药的本心为解救民众疾苦，向默默无闻、辛勤工作、无私奉献的医药卫生工作者致敬！"

华盛顿：我有一个梦想

2015年10月12日，我们到达美国首都华盛顿，参观了著名的林肯纪念堂。

50多年前，亚特兰大牧师、民权运动标志人物马丁·路德·金组织发动了"为工作和自由向华盛顿进军"大游行，并在华盛顿林肯纪念堂前发表了著名演讲《我有一个梦想》。这次演说深深打动了包括肯尼迪总统在内的各阶层白人的心，促成了美国国会通过民权法案，从法律上正式结束了美国黑人的被歧视地位。

《我有一个梦想》被我国编入中学语文教材，影响和激励着一大批中国留学人员，用自己的努力、创造和奋斗，逐梦异国他乡，施展才情，实现自己的人生价值。

在彭德职业中心，华盛顿及周边的重庆人齐聚一堂，教室的墙上挂出了一条横幅，上书："美国华盛顿地区重庆同乡会"。

西装革履的会长朱晓波来了段开场白后，众乡亲争相介绍自己在异国他乡的创业历程，抒发自己的家国情怀。

"我是甘一飞，现为美国豪尔德学院教授、艺术家，独立策展人。"

他从小就有自己的梦想："当画家"。20世纪70年代恢复高考，他成了西南师范大学（现西南大学）美术系学生，主攻国画，但常常跑去旁

听油画课。后获学士、硕士学位，留校任教。

　　他生性不安于现状，名字都带豪气：不飞则已，一飞冲天。1990 年，他到美国田纳西大学，考取了博士研究生。同年，他在美国田纳西诺克斯维尔市艺术中心举办了"黑白的旋律——甘一飞水墨画展"。这回可是不鸣则已，一鸣惊人，画展引起了轰动。随后他把国内艺术介绍到国外，把国外艺术带进中国。他不停地在太平洋上空穿梭。1997 年，他成为美国水墨画协会评奖主席；2009 年，他荣获美国政府专为促进社区文化艺术发展成就卓著者颁发的"美国成功奖"。

　　其实，类似的励志故事还很多。

　　孙浪，早年就读于重庆长寿的一所高中。其后，在大洪湖度过了半年知青生涯。恢复高考第二年，他考入南开大学哲学系。1994 年，他登上飞往俄罗斯的飞机，开启了海外求学之路。1996 年，他来到美国东南大学留学。四年后，从美国东南大学毕业，和同学开启了外贸事业——将中国小商品运到美国出售。

　　近年来，孙浪在美国首都华盛顿和二战陪都重庆之间来回奔忙。他将目光定格在曾经承载他青春记忆的长寿大洪湖，致力于将此地打造成"东方日内瓦"。"我规划建一座飞虎队纪念馆，再建一家史迪威博物馆分馆。"孙浪说，"《日内瓦公约》缔结的意义，即是为了保护平民和战争受难者，而在大洪湖建飞虎队纪念馆，正是为了缅怀当年为中国抗日战争作出贡献的美国飞行员，当然也是为了铭记历史、珍爱和平、开创未来。"

"我是律师，西南政法大学校友。"程绍铭，在美国华人眼里，绝对是个传奇人物。

1987 年，他以优异的成绩考入西南政法大学法律系，1996 年获全额奖学金赴美国留学。2001 年，程绍铭获佐治亚大学"杰出国际学者奖"，次年获美国司法部颁发的"杰出国际人才奖"。

程绍铭本是个武林高手，业余时间在美国开班教授太极、八卦拳，曾获四枚武术国际金牌。但他想当个大法官，做一名有良知的华人律师。有一次，一位华人被美国的一名司机撞伤后，该司机反而指责华人撞了他的车，要求华人赔偿。程绍铭得知此事，二话不说，免费代理诉讼，打赢了官司。

"我是华人律师，"程绍铭说，"我要维护华人的尊严！"

站在"世界之都"的十字路口

纽约，地处美国东海岸的东北部，是美国人口最多的城市，因为联合国总部设在此地，故有"世界之都"的美誉。因其位于市中心的时代广场热闹非凡，又被称为"世界的十字路口"。

走在高楼林立、人头攒动的曼哈顿街头，仿佛行走在重庆的渝中半岛。位于曼哈顿岛南部的华尔街，是美国财富和经济实力的象征，这条长度仅500 米的狭窄街道两旁有 3000 多家金融和外贸机构，著名的纽约证券交易所和美国证券交易所均设于此。

20 世纪 70 年代，重庆忠县偏僻小村，一个山里娃降生了。谁也没想到，就是这位名叫喻甫祥的平民子弟，20 年后竟成为美国金融帝国华尔街的股

逐梦他乡重庆人 Chongqing Flyers

幕后·札记

69

市精英。

家道贫穷，全靠爸爸当石匠挣点零用钱。后来爸爸突然离世，家庭的顶梁柱轰然倒塌。那一年，喻甫祥初中还未毕业。

逆境迫使喻甫祥比别的孩子学习更勤奋，更刻苦。1990年，他获得了全国数学联赛四川省第一名，随后被保送进入中国科技大学。在中科大数学系的四年里，他拿到了宝钢奖学金、郭沫若奖学金等六项奖学金。因为成绩优异，提前一年毕业，再次被保送日本东京大学。经过两年攻读，顺利拿到数学硕士学位。1998年，喻甫祥来到美国加州大学洛杉矶分校读博。跨入校门半年多，喻甫祥就通过了博士资格。经著名数学家邱成桐推荐，转入波士顿的布兰戴斯大学继续深造，后又到纽约州立大学攻读计算机运用数学。

2008年初，华尔街上的著名做市商——骑士集团（上市公司）向他伸出了橄榄枝。他顺利进入该集团，成了做市商的一名员工。喻甫祥的工作就是运用数学模型，分析股票形势，形成新的投资交易决策。这几年，他运用数学特长，为企业设计了新的交易策略模型，大大提高了企业效率。在人才济济的骑士集团，他也从最初的一名普通员工，成长为公司大宗商品交易部计量分析室主管。现在的喻甫祥，算得上华尔街的股市精英，有人说，他手指往下一摁，整条华尔街就要出现剧烈震荡。

就是在这"世界之都"，就是在这"世界的十字路口"，多少年来，有多少人，梦想有那么一天，能有一席之地、一足之地！

在这次寻访中，有一个重庆老乡，也曾是大巴山的山里娃，如今已是闻名于世的著名书法家。他，就是"面庞很中华、品格很中华"的庞中华。

1965年，20岁的庞中华从西南科技大学毕业后成为一名地质勘探队员。他在与世隔绝的生活中以竹代笔、以报为帖，练习写字。日积月累，自成一格。

1980年7月，他的处女作《谈谈学写钢笔字》公开出版。此书一出，洛阳纸贵，一版再版。到20世纪80年代末，这本小册子销量竟突破了1000万册，成为当时发行量最大的畅销书。庞中华被誉为"中国硬笔书法第一人"，并担任了中国硬笔书法协会主席。

功成名就的庞中华从来没有放弃过追求。他还有一个梦想，就是把中国的书法文化推出国门，推向世界。

2011年9月，已经66岁的庞中华和妻子王昌芝，第一次赴美国纽约探望女儿。纽约的一些华人是庞中华的"粉丝"，借机拜师求艺。本来是探亲之旅，竟成了讲学之旅。消息很快传到哥伦比亚大学、哈佛大学等美国名校，这些名校纷纷邀请庞中华前去演讲授课。不久，联合国总部也邀请他去作书法演讲，开办书法班。2012年4月，庞中华书法班在联合国如期举行，为期三个月，每周一课，听众云集，反响热烈。

2012年、2013年，经联合国中文部负责人何勇推荐，庞中华两次出席"大纽约地区中文教师学会"千人年会，进行演讲和辅导。来自纽约州几百所小学、中学、大学的校长和教师，以及孔子学院的师生参加学艺，很快在纽约掀起了一股学习中国书法的"龙卷风"。

庞中华在他古稀之年，在美国建立起了海外书法教育基地，实现了他人生梦想的第二次飞跃。但他始终未忘哺育他成长、成才的巴山蜀水。他在纽约接受记者采访时感慨万千："忘不了，我在重庆成长，我的处女作就是在重庆日报老总王古泽的鼓励、帮助下发表的。"记者借机请他给重庆日报读者留点墨宝，他欣然命笔。

一方水土养一方人。崇山峻岭，锻造了重庆人坚忍不拔的毅力；激流险滩，陶冶了重庆人敢闯敢试的胆识；移民搬迁，铸就了重庆人开放包容的胸怀；红岩精神、黔江精神、三峡移民精神，也哺育了一代代重庆新型移民。

重庆女人范智华，现任新泽西卫生部公共健康实验室主任。作为环境科学和环境工程博士的她，工作就是和危险捆在一起。美国"9·11"恐袭现场、汶川地震灾区，都曾是她的实验室。她是国际环境暴露科学协会的主要创始人，也是全球化学暴露科学的带头人之一。

33岁的张效铭，涪陵人，在纽约长岛创办在线中学，目前学生总数过千。2012年他获美国国家杰出人才移民荣誉，2013年作为杰出华裔企业家代表获得美国总统奥巴马的接见。

郑昌熙，32岁，从巫溪农村走出来的科学家。29岁时，他就是纽约哥伦比亚大学计算机系的第一位华人教授；30岁，被福布斯评选为全美30位30岁以下科学和医疗领域的科技青年才俊。

酉阳张师与，15岁时代表中国参加世界脑力锦标赛，获得世界记忆大师称号，被誉为全球最年轻的世界记忆大师。目前就读于美国纽约大学，现年21岁。

重庆人，作为一组自强不息的群像，正屹立在世界之都的十字街头。

多伦多有个"家"

"外国有个加拿大，中国有个大家拿。"这是前些年流行的一句俏皮话。到加拿大采访了"逐梦他乡重庆人"，才知道这"大家拿"不是拿走，而是拿出，出钱出力。

加拿大，仅有148年建国史的国度，人口3500多万，和中国重庆总人口相当。华人在加拿大广大农村所占比例不大，但是在大城市数量众多，其中多伦多华裔人口约40万人。

从纽约城飞行1小时左右，我们就来到位于安大略湖畔的加拿大最大城市多伦多。

没想到，开车接送我们的是一位年过古稀的老人，更没想到他是一位大学教授。

老教授名叫王鼎益，1945年生于重庆南川，先后就读于北京大学地球物理研究所、中科院地球物理研究所。但在"文化大革命"期间，他被分到南川区农场"修地球"。改革开放后他获得了出国留学的机会，并于1987年在美国辛辛那提大学获物理学博士学位，现为加拿大纽布朗什维克大学物理系高级研究员，中国教育部"海外名师"项目特聘专家。

王教授邀请我们参观多伦多市中心的标志建筑——多伦多电视塔。从空中俯瞰，整个多伦多城区以及安大略湖周围的景色尽收眼底。

"多伦多是一座充满生机的多元文化之城，也是全国有最多移民生活、工作的城市。当地居民来自100多个民族，讲140多种不同的语言。"王教授告诉记者，"多伦多共有5处唐人街，市中心及市郊有70多家华人商场，除了英语和法语两种官方语言之外，粤语是第三大语种。华人一家亲，有

很多自己的社团组织。"

重庆与多伦多有缘。1985年，时任多伦多华商会会长陈丙丁律师，受多伦多市长艾格顿委派，偕同两位市政府高级官员到中国重庆和成都考察。考察组最后建议与重庆缔结"姊妹城市"。1986年，艾格顿市长在陈丙丁律师的陪同下，率团到重庆并签署了缔结"姊妹城市"的正式协议。陈丙丁律师一直担任"多伦多—重庆友好协会"会长，以及西南政法大学客座教授。

巴蜀同根，自古一家。周杨茜女士，自幼生长于天府之国的一个书香门第家庭，华西大学高材生。1967年，周杨茜与夫君移民多伦多，几十年的海外生涯使他们深知移民生活的艰辛，她有一个梦想：在多伦多成立四川同乡会，让巴蜀移民有一个"家"。在她的奔走联络下，终于在1995年1月正式成立了多伦多四川同乡会。在她的主持下，制定了会章，创办了会刊，她用爱心谱写了同乡会会歌——《没有泥土哪有花》："没有泥土哪有花，不是生根哪得瓜。爱的种子轻轻撒，用心播种会萌芽。"

周杨茜之后，丁道谦博士成为继任会长。

丁道谦博士，重庆人，1982年毕业于四川大学外国语学院，后任加拿大汉博理工学院的教务长，多伦多川大校友会秘书长。他热心公益，无私贡献，使四川同乡会发展成拥有近千会员的大侨团。后来重庆直辖，他又负责起重庆籍老乡的组织、联络。为表彰他敦睦乡谊，服务侨社，造福社会的贡献，加拿大安大略省政府特向他颁发了安省义工奖章。

对于配合本次北美寻访，丁道谦博士做了大量的发动、准备工作。随行记者重庆广播电视总台副台长丁道谊是他的亲弟弟，他告诉我们："丁道谦去年夏天就计划回渝探亲访友，但为了接待北美之行的采访组，他的休假一拖再拖，甚至放弃了中秋佳节。"

为了让我们吃得好睡得好，丁道谦和同乡会的老乡们作了精心安排。原计划在川味轩聚餐，让寻访组成员尝尝异国他乡的麻辣味，旅加华侨杨嘉余知道后，强烈邀请大家到他府上做客，品品地道的家常川菜。杨夫人其实是山东人，但自从成为重庆媳妇后，苦练基本功，厨艺大进。为了这顿家宴，她忙活了两三天。

那天中午，酒菜满席，高朋满座，大家兴高采烈，笑逐颜开。最让人感动的是，我们寻寻觅觅的采访对象像从地下冒出来一样涌现眼前：多伦多一级警官，以三个回合击败了从海军陆战队转业成警察的白人对手，夺得武术总冠军的胡一；重庆出生，两岁时随父母移民加拿大，目前已入选安大略省队的女足球星李炜星；曾任加拿大重庆大学校友会首任会长，现任加拿大多伦多大学化学工程及应用化学系教授、副系主任的贾强；在加拿大读中学，现年 14 岁，连续数年暑期到甘肃省宕昌县义务支教的黄爱玲，

等等。

　　碰巧，重庆著名诗人傅天琳也在座。原来，她的女婿张传兵是中国驻多伦多总领馆副总领事，听说采访组到多伦多寻访"逐梦他乡重庆人"，当即赶过来看望大家。傅天琳，鲁迅文学奖获奖者。她曾在《梦话》里以诗寄语小女儿："你睡着了你不知道，妈妈坐在身旁守候你的梦话。"如今，她的女儿已长大成人，安家立业，成了驻外工作人员。这无疑是当妈妈的期待，但"妈妈的期待，是惊喜和忧伤"。傅天琳的另一首代表作是《母亲》："在田野，母亲你弯腰就是一幅名画。""在母亲博大的清芬里，我只有一粒绿豆的呼吸和愿望。"而此刻用这些诗句来表达海外游子对祖国、对家乡的深厚感情是再适合不过了。

　　宴罢，傅天琳老师提议拍照留念，众乡亲齐声说好。随着"咔嚓"一声，一张充满温馨的"全家福"问世。

别了，温哥华

　　温哥华是加拿大著名的旅游胜地，连续多年被评为世界最适合人类居住的城市。

　　我们来到温哥华时，已是华灯初上。重庆同乡会的常务副会长张文美率领手持鲜花的美少女早已等候在机场大厅，让我们备感亲切和温暖。

　　在车上，重庆老乡向我们讲述了"温哥华"的来历。很久以前，华人就开始远渡重洋来这里淘金、伐木，那时把温哥华称为"湾高花"和"温哥巴"。清末民初，音译逐渐统一为"云高华"或"云哥华"。后来，华人移民增多，因当地气候温和湿润、环境宜人，习惯成自然，通称"温哥华"。

　　在加拿大，华人主要集中在大城市，其中温哥华的华人占城市总人口的30%以上。漫步街头，到处是写着方块汉字的广告招牌，恍然置身香港、澳门一般。

　　我们来到名叫"九记"的中餐馆，几十位老乡济济一堂，喜气洋洋。大家见到我们像见到久别重逢的亲人，左右端详，嘘寒问暖。"冯旭，银行学管理硕士，本人是麦克风地产经纪公司的地产经纪。""我叫魏昌俊，是重庆交通大学的毕业生。"大家争相自报家门。

掌声响起，温哥华重庆同乡会创会会长陈华热情致辞："作为媒体人，我十分欣赏'逐梦他乡重庆人'大型人物故事寻访的创意。改革开放这么多年，重庆不仅走出了大批国际化的优秀人才，此次全媒体的采访也表明了重庆媒体走在了时代前沿。"他鼓励在加拿大的重庆人凝聚起来，讲出自己辛酸苦辣的同时，更多地弘扬正能量，为重庆发展加油。

张文美介绍，在大温哥华地区的重庆人有 5000 多人，同乡会有强大的团队，理事们遍布各个行业且都具有相当的影响力。同乡会将发挥好桥梁作用，推荐优秀的重庆人讲述有血有肉的故事，也借这个节目把重庆更好地推向世界。

的确如此。温哥华聚集了一大群来自巴山渝水的各色英才，在他们身体里保存着重庆远古巴人的血性，血脉中张扬着不屈不挠的奋斗精神。

顾雄，生于 1953 年，在大巴山度过了四年知青生涯，在工厂当过两年工人。1978 年考入四川美术学院，迈出了实现梦想的第一步。1989 年，顾雄走上了到异国他乡追逐梦想之路，来到加拿大阿尔博达省的班芙艺术中心学院。迫于生计，顾雄不得不打三份工，每天只睡三四个小时。他从别人不屑一顾的垃圾中得到灵感，创作了很多以垃圾为题材的美术作品。1991 年，温哥华举办了一个题为"顾雄的世界"的个人画展，展出了 50 余幅"垃圾画作"，大获成功。2005 年，顾雄被不列颠哥伦比亚大学聘为副教授，五年后又被聘为终身教授。

唐露，生长在重庆北碚，1985 年，她从重庆建工学院建筑设计专业毕业后，因成绩优异留校做助教。1988 年，她来到加拿大，考上了曼尼托巴大学的研究生。1990 年，快毕业的唐露进入一家医疗机构设计公司，一边学习一边工作。但坎坷接踵而至：第一次面临失业，她冰上独行 2000 多公里；作为单亲妈妈，带着女儿到公司去加班；屡遭挫折的她，差点在吊桥上结束年轻的生命。但她最终振作起来，成为第一位取得加拿大卑诗省注册建筑师资格的中国女建筑设计师。她的身上充满了重庆女性的干练和泼辣，她把成功归结为重庆女性坚韧不屈的基因。

綦江姑娘梅蕾也用行动作了佐证。1991 年，重庆大学自动化专业毕业的她，被分配到成都中国核动力研究设计院，应当说这是一份让人羡慕的"铁饭碗"职业。但为了梦想她选择了放弃，辞职下海去广东。2003年，梅蕾带着几岁的女儿来到温哥华，考入不列颠哥伦比亚大学。毕业后，她在加拿大联邦政府人力资源部门找到了一份正式工作。但她最终从联邦政府辞职，再次决定从头创业。现在，梅蕾在温哥华开创了自己的法律咨询公司，在国内也开办了移民、留学的咨询公司。她收获了事业，也收获了一位洋老公。"我对重庆的感情深切入骨，我身上流淌着的是重庆人的血液。"梅蕾动情地说，"这些年我漂泊海外，但不管走多远，重庆都是我的根。"

乡音、乡愁、乡情，是每个海外游子割舍不断的牵挂；家园、家乡、家国，是每个中华儿女挥之不去的情怀。

其实，回想寻访北美期间，所到之处，我们都受到当地华人社团和重庆老乡的热情相待。无论是否是候选人物，工作日或休息日，大家都不辞辛劳从四面八方赶来见面。

谢才明，中国水上"梦之队"的元老，20世纪80年代中国国家跳水队队员，之后在国家队任教，现在美国圣母大学任跳水总教练。那天中午，芝加哥举办马拉松比赛，全城戒严。就为了和重庆同乡见一面，他驱车绕道近200公里。

大匹兹堡四川暨重庆华人协会的莫小平，专程从匹兹堡赶来参加在纽约的见面会，还带来了习近平主席访美时赠送给当地侨领的"钓鱼台"中秋月饼，请大家品鉴、分享。她表示，在大匹兹堡有不少出色的重庆人，他们的事迹都很为家乡、为祖国争光添彩，她将积极协助推荐更多有梦想、有故事的重庆人。

这一切，让我们深切地感受到华侨华人对祖国的热爱，对家乡的眷念。

温哥华，是寻访组在加拿大的最后一站，也是此次北美之行的终点。客机起飞后，高楼、沙滩、海湾、彩色的枫林、白皑皑的雪山，逐渐远离我们的视线。

这时我想起了一部电影里的台词："离开并不代表结束，离开是下一次相遇的开始。"

坐在机舱里，记者掏出了在西雅图马寿椿夫妇赠送的一张歌单，上面

逐梦他乡重庆人
Chongqing Flyers
幕后·札记

印着他俩联合创作的歌曲——《故乡泥土的芬芳》：

"捧起一掬泥土，从我那遥远的故乡。/她陪我漂泊、闯荡，她给我勇气、力量。/捧着故乡泥土，融入那异乡的土壤。/游子的血液里，永远散发着故乡泥土的芬芳。"

多么温情的音符，多么优美的旋律，那是逐梦他乡的重庆游子的梦语，也是所有海外华侨华人的心声。

向泽映，重庆日报报业集团总裁，"逐梦他乡重庆人"大型人物故事寻访活动的策划、组织者之一，《逐梦他乡重庆人》系列丛书主要策划、编审、统筹人。率先赴海外寻访，先后至美国西雅图、洛杉矶、芝加哥、纽约、华盛顿，加拿大的多伦多、温哥华等地采访了数十名逐梦海外的重庆人，推出全景式的长篇纪实报道，在海内外引起强烈反响。

故事的背后彰显的是价值观

□ 姜春勇

  2015 年 6 月 17 日晚上，在重庆日报编辑部，我修改签发了"逐梦他乡重庆人"系列故事的第一篇稿件《马识途：百年逐梦终不悔》。"此头十度寻阎王，而今仍然在颈项"，我对文章中描述的百岁老人传奇故事的诸多细节记忆犹新。

  时光荏苒，不觉两年多时间过去了。翻阅这五百多个人物故事，每看一遍都有新收获。我既感慨这一路走来的不易，也不断在思考："为什么一次媒体采访活动会取得如此大的关注，引起如此强烈的社会反响，获取如此好的传播效果？"

  八旬高龄的退休干部王永富曾经在外地工作数十年，他说："每天晚上全家在一起看逐梦故事已成为一种习惯，感人，有教育作用。"《逐梦他乡重庆人》系列丛书被市民争相抢购。北京舞蹈学院教师胡晓的逐梦故事刊播后，他的朋友圈被刷爆，他感慨："活动的影响力太大了！真正感受到作为一名重庆人的骄傲和自豪。"

  毋庸置疑，"逐梦他乡重庆人"已经成为一个品牌，一个热词。三亿多人次的网络点击量，一千多万人次的人气榜投票就证明了这一点。

  "自豪""骄傲""威武""拼搏""感动""启迪"等是网友阅读故事后留言最多的热词。

  品读的是故事，彰显的是精神。

  逐梦他乡重庆人的故事留给我们这个城市的是一笔珍贵的精神财富，它如同一个精神的宝库，每个人都可以从中汲取自己需要的精神营养。

  逐梦之路从来都是艰辛的。逐梦他乡重庆人没有一个是随随便便取得成功的，都经历过一番艰苦的拼搏。这些逐梦人的背后靠什么在坚守？

这就是核心价值观的强大力量。

这些背井离乡的人们毫无例外地经历着巨大的文化碰撞与价值观的冲击；从最初的为生存而出发，到最后寻求文化的滋养与认同，可以说，价值观的力量比生存的需要更强大，它决定了这些在异国他乡逐梦的人们的人生方向与价值，也塑造了一个国家和地域的形象。

寻梦故事之所以收获无数点赞，我认为，首先是逐梦故事本身的传奇性、鲜活性、可读性吸引了诸多受众，但更重要的原因是逐梦人所体现的精神，直击了市民的心灵，让人们找到了情感同频共振的契合点、共鸣点。

正如北京日报总编辑赵靖云所说，"逐梦"寻访把国家梦想、城市精神和个人奋斗串联起来，通过描写个人的梦想，折射国家的梦想；通过写个人的精神，折射城市的精神；通过讲人物故事，来讲重庆故事、中国故事。对内弘扬了城市精神，对外推广了国家形象，弘扬了社会主义核心价值观。

五百多位逐梦人物，他们身份、年龄、职业不同，逐梦的经历各异，但他们有一个共同的特点：就是具有浓烈的家国情怀，将个人逐梦的历程和国家、家乡的发展联系在了一起。

逐梦他乡重庆人为什么能够走出去，为什么能够梦想成真？ 正是这个时代给我们提供了追逐梦想的机遇。我们要感谢这个时代，让人们有了更多的选择，让每个中国人有了人生出彩的机会。"国家好，民族好，大家才会好。"一个个逐梦故事是最好的诠释。

16 岁"辞亲负笈出夔关，国仇不报誓不还"的马识途说："我一直有个梦想，希望有一个好的社会，好的中国；我的梦就是中国梦。"

航母战斗机英雄试飞员戴明盟说："我梦想着，海军能成立一个庞大的航母编队，我能够出现在这个编队里，去远海大洋，驰骋海洋，驶向深蓝。我想我能看到这一天。"

在家中悬挂五星红旗的神户大学教授孙玉平，力推中文课进巴塞罗那中小学的赵晓萌，海外名师华盛顿大学教授周晓……他们身上无不体现出强烈的家国情怀及浓浓的乡愁。

习近平总书记指出，核心价值观，其实就是一种德，既是个人的德，也是一种大德，就是国家的德、社会的德。国无德不兴，人无德不立。

借钱也要保证工人的工资，靠诚信在大西北闯出一片天的打工者陈信立；不远万里回国支教的"00后"女孩黄爱玲；11次重走长征路、做了100多场长征精神讲座的邓玉平；克服极端气候，驻守在中国版图最北端的重庆籍战士们……

一个个故事犹如一幅巨大的拼图，组成了重庆城市精神的全景图，彰显出巴渝儿女的人性光辉和品德。

重庆人的自强不息、重情重义、吃苦耐劳的品格，敢想敢干、永不言败、乐观开朗、泼辣耿直的个性，使得他们能够在异国他乡立足，得以圆梦。

三千年巴渝文化、八百年重庆城、二十岁的年轻直辖市，需要对传统巴渝文化的认同，对城市精神的共识。正如此次活动的发起人、策划者，重庆市委宣传部常务副部长周波所言，他们的故事展示了城市发展的历史性记忆，也是社会变化的人文性展现，他们的逐梦故事聚集在一起刻画出了重庆人的精神群像。

寻访活动只有短短的三年时间，对故事的追寻暂告一段落。但我想，逐梦他乡重庆人的故事不会随着岁月的变迁被淡忘，逐梦的精神会久久流传，历久弥新。

姜春勇，重庆日报副总编辑，参与"逐梦他乡重庆人"寻访活动的策划、稿件编审工作。参与组织了逐梦他乡重庆人活动理论研讨会，丛书编辑出版，参加了进校园分享会等活动。

逐梦他乡重庆人 Chongqing Flyers

幕后·札记

在"阿非利加洲"的那群重庆人

□ 刘长发

阿非利加洲，一个充满神秘、充满诱惑的地方。卡伦·布里克森所著《走出非洲》中，有这样一句话："高渺的天空下，你尽可自由自在地呼吸。每当清晨一睁眼，你就会感到：我在这里，在最应该在的地方。"

2016年7月，和参与"逐梦他乡重庆人"全媒体大型人物故事寻访的其他媒体同行一起，我踏上了这片神奇的土地。

"阿非利加洲"是希腊语对非洲的称呼，意指阳光灼热、遍地黄沙之地。恶劣的自然环境和迟来的现代文明，导致非洲不少地区物资匮乏、民瘼不逸。近年来，一大批勤劳勇敢的重庆人远涉重洋，以特有的胆识和智慧，在黄沙大漠上铺筑条条大道，兴建起片片绿洲，造福了当地政府和人民。

为期近半个月的采访，我在这些勇闯非洲的重庆人身上，再次感受到了乐观与勇敢、耿直和热情，还有乐善好施、甘于牺牲的奉献精神和百折不挠、敢闯敢拼的创业精神。

草原独行侠勇闯原始部落

2016年7月25日中午，阳光普照的肯尼亚奥肯耶野生动物保护区，我们乘坐的10人座小飞机稳稳降落在泥石铺就的简易跑道上。4位身着红袍的马赛人迎上前，一边用重庆话热情地招呼"兄弟伙"，一边帮我们提包拎箱。

坐上四面透风的敞篷车，向导杰克逊打开了步话机，简短交流后，他告诉我们，步话机里浑厚嗓音的男人，就是我们即将见面的马赛马拉"守护神"——重庆人星巴。

这是位于肯尼亚的一块保护区，面积约 73 平方公里。尽管赤道横穿了这里的大片区域，但因处在海拔 1600 多米的高原，所以，即使在正午的阳光下，空旷的草原仍透着凉意。四面透风的敞篷车飞驰在草原上，飞扬的尘土不时卷入车内；窗外，不时掠过一头头野生动物——埋头吃草的角马、嬉戏追逐的羚羊、不停奔跑的野猪、在灌木丛中好奇地张望我们的长颈鹿……半个多小时后，一道平缓的斜坡上，星巴一身戎装，站在一棵挺拔的大树下。看到车辆从远处驶来，他离开了那辆军绿色巡逻车，快步迎向我们。

星巴，原名卓强，曾在重庆市政府一部门工作。2011 年，他辞去公职，到肯尼亚马赛马拉担任一名野生动物保护的公民科学家，在奥肯耶自然保护区从事大型猫科动物狮子的保护研究。

"小时候我就向往非洲，对野生动物有着天然的喜爱。2004 年，一次偶然的机会我到了这里，当时我的内心就告诉我，这里是我向往的家园，这里有我一生应该做、也喜欢做的事业。"在丛林深处用帐篷搭成的营地里，星巴告诉我们，当年他告别了"朝九晚五"、平淡如常的上班族生活后，从此走上了当一名野生动物保护人士的道路。

星巴把重点放在了非洲狮的研究与保护上。改名星巴，也因为在斯瓦希里语里，把狮子叫作星巴。"狮子是非洲草原生态系统的旗舰动物，由于人类活动造成的栖息地丧失和人狮的冲突，非洲狮的数量已从 100 年前的 20 万只减少到如今的不到 3 万只，不采取保护措施，20 年后狮子将从地球上消失！"他说。

但在当时，星巴的万丈热情并不被外人理解，有很多西方人士不相信中国人能来非洲做野生动物保护。"当时很多人认为，中国人对野生动物并不友善。我舍弃一切来到这里，他们似乎却并不领情。"星巴说，为打消他们的疑虑，他只身住进了马赛人的原始部落，与他们同吃同住，带去现代文明，争取他们的信任与理解。

经过两年的努力，星巴用诚意打动了他们，马赛人的酋长们邀请他加入马赛族，以表彰他对当地原始社区和野生动物保护区作出的巨大贡献。

星巴正式启动了他的野生动物保护计划。

"刚开始时，由于人狮矛盾尖锐、野生动物保护资金匮乏，情况很令人揪心。"星巴说。为尽快改变糟糕的状况，星巴决定，先从改变观念意识入手，引导当地人共同参加野生动物保护，"现在已不是靠科学家搞些研究、做点宣传就能奏效的时代了，必须有新的思路。"在实践中，他探索出了"发展生态旅行—增加当地居民收入—促进全民参加"的全新方法，并通过修建大量的防狮围栏，改善人狮关系，使野生动物保护工作步入良性循环。

"现在，保护区已有几家英国人开办的丛林帐篷酒店。收益除用于增加防备力量外，还与马赛人共享，这让他们体会到，保护野生动物可以有较好的收益。"星巴说，尝到甜头的马赛人开始自觉支持他的事业，许多人还主动要求加入巡逻队伍，从事具体工作。

作为第一个深入非洲保护野生动物的中国人，星巴还通过画展、图片展、演讲等方式，为"狮子守护者"项目赢得经费和物资的支持，"目前已累计募集到六七百万人民币，其中不少是来自我的家乡重庆的捐赠！"

独在异乡闯荡的星巴已取得了初步成功。奥肯耶野生动物保护区的动物大量增加，目前栖息着50种哺乳动物、500多种鸟类，成为马赛马拉地区植被最好、野生动物密度最大的保护区，是名副其实的动物天堂！

更重要的是，他的事迹打动了更多的后来者，野生动物保护的理念正像沁人心脾的草原春风，吹向远方，引来更多后来人。"现在，每年从中国和世界各地会有100多人来现场参与支持我们开创的野生动物保护事业。"星巴说。

山城建设者抱团挺进黄沙大漠

当地时间2016年7月21日下午5点，尽管日已西斜，但苏丹首都喀土穆依然酷热难当。尘土飞扬的大街上暑气升腾，人来车往。

"苏丹的基础设施建设严重滞后，首都许多地方连下水道都没有修建！"重庆市外建苏丹公司总经理聂绍明驾驶着越野汽车，带领我们在喀土穆的大街小巷往来查看。聂绍明来自重庆永川区，受访时他已在这个国家工作了14年，对这里的情况了如指掌。

街上飞驰而过的旧车，街道边随处堆放的垃圾，处处显示着这个国家需要外援的紧迫性。"大街上，还有不少半拉子的建筑。这是因为房子修到一半缺钱了，他们不得不停工外出挣钱。"聂绍明介绍。

聂绍明所在的公司——重庆外建，早在1996年便开始进入这个炎热的国家，在当地帮助政府建造房屋、铺设道路、修建桥梁，同时还为民众提供寻水打井、援建学校等援助。

"在苏丹搞建设，可真是件苦差事！"苏丹公司副总经理徐典平，从公司创建就离开家乡重庆南岸来到了这里。他说："到苏丹搞建设，吃苦就像吃饭一样平常。"特别是旱季，这里气温常高达50多摄氏度，挑战特别大。尤其刚到苏丹时，没有空调，大家拿着蒲扇工作，没人抱怨，也没人中途退场！

曾在重庆晨报当过实习生、现任苏丹公司翻译的罗君淼在微信朋友圈描述他们的一个日常夜晚："灯闪得更厉害了，电流声'喳喳'地响……还没来得及起身，只听见屋外'轰'的一声巨响，灯不闪了，一切归于平静。几秒钟后，屋内尘雾弥漫，浓烟呛鼻，两个小伙子突然破厅而入……"这是他们居住地的空调外机在高温下爆炸的场景。

严酷的高温是考验，旱季时工程建设缺水则是更大的挑战。"记得2007年，修建阿特巴拉—海牙路时，为了满足施工用水，我们每天组织20辆水罐车，到100公里外的地方运水！"徐典平感叹。除了高温缺水，在苏丹的空气中，还隐藏着另一种危机——疟疾的威胁。"刚到这里时，几乎每年我都要患上3次疟疾，每次'打摆子'都苦不堪言！"徐典平说。

恶劣的自然条件让他们吃尽苦头，动荡的政局则常使他们陷入更大的危险之中。"这些年，我们的工程人员曾3次被叛军绑架，工程车也多次被他们抢走！"聂绍明说。他讲述了60多人跳出叛军"包围"、化险为夷的故事。

"在苏丹南部努巴山区和达富尔地区，叛军活动特别猖獗，而那里有我们的两个项目。"聂绍明回忆，"一次，叛军为了去营救他们被政府军包围的兄弟，开来一百多辆军车路过我们项目。幸好，叛军里有一个朋友及时给我通风报信，我们紧急撤离了60多名中国工人和200多名当地工人。刚刚转移完，叛军就到达我们的分营地。"

恶劣的自然条件和惊险的战地经历，没有使援建者退缩。相反，他们在当地赢得了信任，创造了辉煌。目前，苏丹公司已完成29个项目，当地约有六分之一的公路由他们修建。"因为承建苏丹的地标性建筑——总统府，我们公司还被苏丹政府授予'尼罗河勋章'，这是中资企业获得的最高荣誉。"聂绍明说。

与南苏丹接壤的肯尼亚境内，中城建三局的30多个重庆人，也在当地上演着同样扣人心弦的故事，只不过他们面临的对象是野生动物。

2016年7月，三局公司在肯尼亚西查沃国家自然公园内施工，某天傍晚收工时，一位员工正在查看设备。突然，他发现在离他10多米的地方，有一头成年猎豹。"好在双方对视三四秒后，猎豹就离开了，多亏我们施工中，实现了人与动物，以及大自然的和谐共处！"来自重庆永川区的集团公司杨正忠书记说。

公司总经理蒙井玉则为我们介绍了更为惊险的一幕:有一天早上天刚亮,在他们施工不远处,6头狮子正在猎杀动物。为防止狮子危及项目员工安全,在现场保护他们的森林警察Kws就朝天鸣枪,吓跑了狮群。

"没想到这些狮子很快又回来了,意图继续捕食猎物。"蒙井玉说,后来他们发现了那头被狮子咬死、足有几百斤重的动物。经Kws同意,大家用装载机把它拉到远离施工点的地方,成功引开了狮子。"整个过程真像一场惊心动魄的人狮大战!"

靠耿直豪爽与诚信勤奋闯出新天地

绿草如茵的环境,温暖如春的气候,漂亮洋气的楼房……当地时间2016年7月24日,我们来到素有"南非第四个首都"之称的约翰内斯堡。

这座位于南非东北部瓦尔河上游高地上的城市,原是一个探矿站,后来随着金矿的发现和开采才逐渐发展为城市。时过境迁,如今这里虽不再有大规模的金矿开采,但其遍地的商业机会,吸引着全球各地络绎不绝的"淘金者",其中不乏万里之外、嗅觉灵敏的重庆人。

在采访团团长、时任重庆日报总编辑张小良介绍完我们此行的目的后,中国驻约翰内斯堡总领馆的杨培栋总领事告诉我们:"南非是进入非洲的桥头堡,潜力巨大,机会众多,华人在这里集群式发展,业绩不俗。"他说,这里聚集着140多家中资企业,投资约130亿元,占非洲的三分之一,"特别是重庆人,仅约堡就有300来人。他们豪爽仗义,敢闯敢干,生意做得风生水起。"

陪同我们一起拜访的肖钧,今年30岁不到,却是在南非"淘金"的300多名重庆人中的佼佼者,现任南非重庆商会副秘书长。这位来自重庆荣昌区昌元镇的小伙子,不仅在南非拥有近100人的四海进出口公司,还在斯里兰卡、俄罗斯等国家和地区开办有自己的企业。

在约翰内斯堡街头,肖钧驾驶着汽车,热情地带领我们走访、会见在当地打拼的重庆人,并不时介绍他传奇般的创业史。

"我是家中的长子，18 岁时家人就送我到中东闯荡，先后跟姨妈在巴基斯坦和伊朗卖海鲜和家禽。"肖钧说。外出闯荡，他并没有什么资本，不仅没念过一天大学，甚至连用英语交流都不会，只有母亲在临别时给他的鼓励："作为家里孩子中的老大，要多负责任，不懂先学！"

"母亲的激励却一直是我最大的本钱。"

2010 年，肖钧来到南非。起初在一个山东人开辟的农场里种菜卖菜，后来他尝试成立公司单干。但开拓市场并不容易，肖钧说，公司初创那段时间，最令他刻骨铭心。

"为了从开普敦的一家公司拿到货源，在起初谈判那半年，我平均每月要去两次开普敦，每次都要开两天的车，然后开展艰苦的谈判，谈完后又立马往回赶，累得几乎连开车的力气都没有了！"他说。

还有一笔生意，为外出找牛肉货源，他和他的经理到过南非最偏远的地方，开坏了两辆车，行程超过三十万公里。"现在想来，正是重庆人吃苦耐劳、永不气馁的性格让我挺了过来！"

肖钧认为，重庆人耿直豪爽、诚实守信，天生就是做生意的料，而他得益于这种品质，才在商场上如鱼得水。2014 年，经朋友介绍，一位广东客商希望他帮忙组织一批牛皮货源，"当时，我们连面都没见过，也没签署任何合同和契约，他就打了 15 万美元给我。后来牛皮生意没做成，我也一分不少地把钱退给了他。"肖钧介绍，他们俩自此成了非常要好的朋友，在商业上有很多愉快的合作。

"做生意就是要吃苦，就是要诚信。我一直坚信，彩虹在风雨后出现，而且风雨越猛烈彩虹越美丽！"肖钧说。

"逐梦他乡重庆人"全媒体大型人物故事寻访在非洲的行程是短暂的，但那些逐梦阿非利加的重庆人，却将重庆人耿直热情、敢闯敢拼和乐于奉献的特质，刻在了我们的记忆里。

刘长发，重庆晨报总编辑，2016 年 7 月底 8 月初参与"逐梦他乡重庆人"采访前往非洲，在苏丹、肯尼亚、南非三国寻访在非洲"逐梦"的重庆人。

不忘根在重庆
——"逐梦他乡重庆人"英法行侧记

□ 汤健萍　刘成荣

2015 年 10 月 25 日，经过 15 个小时的飞行，飞机降落在伦敦希思罗国际机场，"逐梦他乡重庆人"英法先遣组一行刚刚走出机舱门口，一位儒雅的中年男子就微笑着迎了上来，他就是中国驻英国大使馆公使衔文化参赞项晓炜。在机舱口迎接先遣团，这可是极高的礼遇！而项晓炜是在刚刚圆满完成习主席访英之行的任务之后，特意专程赶来迎接我们的。他告诉我们，如此高规格的礼遇，不仅因为"逐梦他乡重庆人"寻访活动被纳入中国驻英大使馆文化交流的重点项目，也因为项参赞本人就是一位逐梦他乡的重庆人！

从这一刻开始，感动和惊喜就伴随我们寻访之旅的始终。

这次英法寻访活动分两个批次，持续三个多月。从伦敦到谢菲尔德，从巴黎到马赛，我们追随着逐梦者的步伐，记录下他们的欢笑、泪水、艰辛和成功，分享了他们酸甜苦辣百般交织的精彩人生，而在镜头面前，他们对故乡的眷恋之情也让我们动容。

在英伦大地书写重庆人的传奇

为迎接家乡寻访团，英国重庆商会早早就作了安排，他们把与家乡寻访团的首场相聚选在了唐人街。

伦敦的唐人街并不大，却地处黄金地段，距离英女王白金汉宫和唐宁

逐梦他乡重庆人
幕后·札记
Chongqing Flyers

街 10 号的首相府都不远。移形换影一瞬间，方才充斥于眼帘的还是遍地林立的巴洛克式和哥特式建筑风景，现在却已是中式牌楼和汉风唐韵式商亭。

在唐人街川菜馆，十几位老乡围坐热腾腾的火锅，乡音四起，让人恍惚身处重庆。大家就像久别重逢的朋友，分享各自的人生故事，真挚而坦诚。尽管离开重庆多年，但他们乡音未改，乡愁依旧。英国重庆商会会长胡敏说，唐人街是一剂妙药，可以暂时消除你无尽的乡愁，令你产生回归故里的幻觉。而"逐梦他乡重庆人"寻访组却是真真实实地带来了故乡的牵挂和情义。

从企业家、艺术家、体育明星到政治新星、大学教授、餐馆老板，这些重庆人因为"逐梦他乡重庆人"而聚集在一起，虽然他们每个人的经历不同，但却用一样的坚韧、拼搏与自强，在英伦大地上书写着重庆人的传奇。

在伦敦的重庆老乡中，王坚被很多人称作"大哥"。这不仅因为他年纪较长，更因为他的经历颇有传奇色彩。

王坚自幼学习小提琴演奏。1988 年，他与在大学时期相识的英国爱人来到伦敦。本来踌躇满志，想在这片异国土地上实现自己的艺术梦，然而现实却给了他当头一盆冷水。"在乐团演出，每一位乐手都必须拿上百年的古琴进行演奏，而我一直拉的是从中国带来的一把'红棉'小提琴，音色不够好。"而要买一把有年头的小提琴至少需要七八万英镑，这对初到英国的王坚来说，简直是天文数字。在艺术梦想破灭后，为了生存，王坚选择了下海经商。

"你们看，这就是我的作品！"走在伦敦街头，王坚随手指着路边停靠的一辆出租车不无自豪地说。作为伦敦的标志之一，黑色出租车一直是英国的骄傲。之前它们都是由英国本土企业锰铜公司生产，然而正是在王坚的引荐促成下，如今英国新款的 TX4 出租车已经挂上了中国吉利的蓝红色标志。

经过多年的打拼，王坚一手打造的榆树集团已经硕果累累，涉及项目多达 200 多个，其中不少当然和重庆有关。他曾经协助美国一家公司对重庆牙膏厂进行口腔护理的技术转让，后来又成功把世界第四大酒业制造商——纽卡斯尔（Scottish&Newcastle）引入重庆，让重庆老百姓第一次近距离体会到英国的酒吧文化。

拿得起放得下，当得了艺术家也同样能商海搏击，王坚大开大合的传

奇故事还会不断演绎下去，而新一代的重庆小伙子也同样在开创着自己的传奇。

在伦敦期间，"80后"姑娘姜敖约我们品尝正宗的英式下午茶。一杯红茶，几块糕点，就着午后的阳光，我们分享着姜敖的精彩故事。她从重庆大学毕业后考入剑桥攻读研究生，因为受伤曾有一段时间每天拄着拐杖出入教室和图书馆，却考了当年的第一名；现在，她担任英国电讯资产管理公司的项目总监，不仅是伦敦金融界的精英，而且在媒体界也挥洒自如，为英国人民网、英国BBC、《华闻周刊》《欧洲时报》《英中时报》等媒体撰写专栏和制作节目，实在是让人惊叹在这个瘦瘦小小的重庆姑娘身上到底还有多大的能量！

来自纽卡斯尔的熊榆也是一名"80后"，34岁的他是英国诺森比亚大学纽卡斯尔商学院终身讲席教授。而他从一名博士毕业生到终身讲席教授，仅仅用了六年时间。2012年，他又因为在促进中英合作方面的突出贡献，被伦敦奥组委邀请担任奥运火炬手，成为唯一获此殊荣的中国籍学者。去年，中英签约52亿英镑的中富项目，熊榆就是幕后功臣之一。

和前面几位相比，来自英格兰中部城市莱斯特的何易很不显眼。这个衣着朴素的年轻人，和我们交谈时，谦和诚恳。但让人刮目相看的是，他竟然是 2015 年英国大选的国会议员候选人。何易 2004 年来到英国求学，现在是塔塔钢铁集团的工程师。何易说，作为少数族裔，如果自己都不为自己发声，那么谁还会主动为你发声，保护你的权益呢！2011 年，他加入了英国保守党。为华人发声，就是这个海外新一代华人的梦想。何易非常赞赏"逐梦"寻访活动，他说，逐梦行动，其实也是一个凝聚华人的行动，一定能够唤起更多海外华人认识自我、勇于参政的意识。为华人发声，为华人权益呼号，这是他个人小小的梦想，而千万海外华人的自强不息，必将汇聚成波澜壮阔的中华强音。

从"60 后"到"80 后"，这些朝气蓬勃的重庆小伙、重庆姑娘身上的韧劲让人深受感染。他们就像故乡山崖上的黄桷树、岩壁上的吊脚楼，无论环境如何艰苦，总是奋力向更高的空间拔节生长。

在文化碰撞中擦出商业的火花

在英法两国，寻访组每到一地，都受到了重庆老乡的热情接待，很多老乡都特意调整了日程，腾出时间接受家乡媒体的采访。

见到中国驻英国大使馆公使衔文化参赞项晓炜夫妇，是在伦敦市郊的文化处使馆。这是一栋三层楼的老房子，四周绿树环抱，鸟鸣山幽。走进使馆，内部是典型的西式家具和装修，不过墙上挂的几幅字画、桌上摆的几件雅玩，却是地地道道的中国艺术品。有朋自远方来，参赞夫人方元平拿出了珍藏的英国瓷器，泡的却是一壶浓浓的中国红茶。

项晓炜是沙坪坝人，从北京大学毕业后开始其外交官生涯，先后在马耳他、美国、英国等地任职。对于"逐梦他乡重庆人"寻访活动，项参赞称道有加，他说，这是一个很有创意、很有价值的文化行动。重庆是一个生机勃勃、勇于创新、敢于冒险的城市，这样的城市精神，需要"逐梦他乡重庆人"这样的文化行动来彰显和弘扬，把墙里开花与墙外开花进行内外结合，凝聚和塑造重庆的城市性格。不能仅仅把它看作一个简单的文化行动，它更是一个值得借鉴的城市发展理念，那就是，通过文化行动、文化项目，给城市一个内涵，给城市一个定义。他认为，这样的文化交流活动重庆还开展得太少，他希望2016年，重庆能够把文化周活动开到英国来，展示重庆的文化魅力，向世界宣传重庆。

从"逐梦他乡重庆人"的采访活动延伸谈开，谈到重庆的发展，这位在外闯荡了几十年的外交官，流露出对家乡不尽的深情厚谊。项参赞说，城市发展一定要有开放的思维和全球的视野，通过文化体育项目的设计来打造城市文化品牌，就是一条行之有效的路子。他建议，把重庆打造为赛车运动之城。他举例说，国土面积仅为1.95平方公里的摩纳哥，却因为拥有蒙特卡洛F1大奖赛而扬名世界；青海省，近年来因为环青海湖自行车赛的成功举办，而打响了青海的体育休闲名声。而重庆，既有汽车产业的优势，又有创新冒险的城市性格，非常适合引进全球性汽车赛事，比如F1汽车拉力赛。赛车产业，既是一个触角广阔的产业链，也是一个资源的聚合平台，从汽车制造到汽车修理、改装，到汽车竞技、体育休闲，再到企业金融……可以说对重庆汽车产业的转型升级具有极大的推动作用。而在客观上，这也是具有可行性的。利用长安集团在垫江建设的试车道，将其功能扩展为赛车道，即可使之成为汽车极限运动的体验之地。他表示，非常愿意利用自己文化参赞的身份，为重庆与英国的文化项目合作牵线搭桥。

项晓炜的夫人方元平也同样来自重庆。她曾经也是精明干练的职业女性，但为了支持项参赞的工作，牺牲了自己的事业，带着儿子辗转世界。对我们"逐梦他乡重庆人"寻访活动，方元平大加称赞，她说，这样的寻访不仅能给已经在外闯荡多年的重庆人以家乡的温暖，更能鼓舞更多的年轻人走出国门，成为真正的国际化人才。

正像方元平所说，近几年，具有国际眼光的重庆企业家越来越多，他们纷纷走出国门寻找海外投资的机会。在法国巴黎，我们就见到了天赐温泉集团董事长杨长林。

2015年，天赐温泉集团用3600万欧元买下了两个法国百年项目：一座位于卢瓦河谷的古堡酒店和一家有着百年历史的丝袜奢侈品品牌。

杨长林告诉我们："丽梦古堡是路易十二时期巴黎大主教一手缔造的，曾经属于法兰西城堡酒店集团，是顶级的城堡酒店之一。这次能买到也是非常难得。"

逐梦他乡重庆人
Chongqing Flyers
幕后·札记

今年已经 65 岁的杨长林曾是一位教书育人的语文老师，1980 年，他放下教鞭，以仅有的 700 元闯荡商海，先后做过服装、餐饮、房地产开发等行业，白市驿天赐温泉就是他打造的项目。在收购了丽堡酒店后，杨长林打算利用中国的市场和资源，让这座沉寂多年的古堡重新焕发生机。

老骥伏枥，从重庆到巴黎，高举雄心的杨长林再次出征，闯荡世界。法兰西的浪漫遇上中国企业家的务实精明，这样的组合会激发出怎样的灵感，我们也将拭目以待！

30 岁出头的胡敏是刚成立的英国重庆商会第一任会长。"感谢你们对我们的支持。"胡敏急切地说，"我们有太多经历想和你们分享。"

在英国留学期间，胡敏就开始和同学合伙经商。英国人热爱绘画，每年都会消耗掉大量的纸、笔、颜料等绘画材料，胡敏意识到这是一个尚未开发的巨大市场，但是要打进这个被西方艺术品商垄断的市场谈何容易。南到普利茅斯、北到爱尔兰，胡敏带着样品把英伦三岛跑了个遍。经过多年的苦心经营，如今他们的艺术产品已经进入英国所有的大型连锁超市。

刘玲玲是个说话干脆利落的重庆姑娘，自从 1991 年做一本英文体育杂志的编辑开始，她就没有离开过国际体育传播与经营的舞台。十多年来，她担任过北京奥申委国际公关项目主管、国际足联新闻官等职业，参与过从 1996 年到现在的每一届奥运会以及从 2002 年至今的所有足球世界杯比赛的组织管理工作。

2012 年，刘玲玲认识了郭川船长，共同组建了一支国际航海专业团队。"航海运动一直都是欧美人的天下，但我希望通过我们的共同努力留下中国人的名字。"2013 年，刘玲玲和郭川团队成功完成了震动世界航海界的单人不间断环球航行；后来他们又创造了人类第一次驾驶帆船采取不间断、无补给方式穿越北极东北航道的世界纪录，在人类航海史上留下了新的传奇。

学贯东西、洋为中用，在东西方文化的碰撞交流中，这些聪明务实的重庆人找到了属于自己的道路。

不忘文化的根脉

"大家好，我是James，欢迎来英国。"看着眼前这个身高1.9米，棕头发、蓝眼睛的白人小伙用标准的普通话向我们打招呼时，寻访团的团员不禁惊呼："这不就是英国的大山！"

这个英国小伙其实是我们重庆的女婿。重庆妹子李梦曦自小跟着父母移民到了英国，和James算是青梅竹马。两个学霸在双双考进剑桥大学后，正式展开了恋情。如今，他们在伦敦买了房，一个当律师，一个当医生，标准的中产阶级配置。

"都是因为他，我才会继续学习中文。"李梦曦指了指身边的James，骄傲地说。原来，移民到英国以后，为了融入周围的环境，李梦曦曾经一度非常抵制说中文。为此，她还和父母发生了不少冲突。

"我不希望她为自己的中国身份感到尴尬，更不希望她丢掉属于自己的文化。"James在和李梦曦交往以后开始鼓励她重新学习中文，学说普通话。当然，James自己也跟着一起学："我希望通过这样的方式，表达我对梦曦和她家人的尊重。"

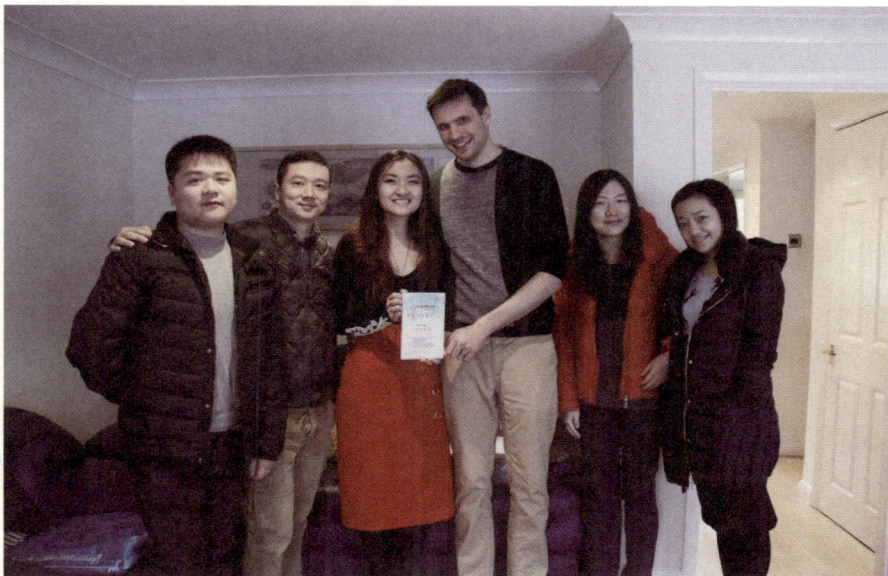

　　除了中文，James 还深深爱着中餐，特别是回锅肉、水煮肉片这些重庆菜。"我们都很喜欢在中国的生活，未来看有没有机会能回到重庆发展。"李梦曦和 James 说，他们还很年轻，一切皆有可能。

　　李梦曦的父母李伟和郭久春夫妇是 20 世纪 80 年代末离开重庆的。他们刚到拉夫堡的时候，是当地第四个华人家庭。"我们这批人来了以后真真正正改变了华人的形象。"说这话的时候，郭久春的眼眶有些湿润。在这之前，老一批移民中很多人素质不高，喜欢赌博，生活习惯也和西方人格格不入，因此遭到当地人的排斥。然而随着像李伟、郭久春这样的知识分子移民过去，西方人对华人的印象有了巨大的转变。

　　"重要的是我们要坚持自己的文化，要有这样的文化自信。"郭久春在拉夫堡的商业中心开了一家中医诊所，悬壶济世。十多年来，顾客大多数都是当地的白人，甚至还有从欧洲大陆和美国慕名飞过来找她的。

　　"一开始的确不被理解，很多老外看到针灸就觉得一根银针怎么能治好病？但是现在，他们越来越接受了。前两天，一个白人打球扭了腰，不能走路，他找了很多医院都没办法。结果在我那里接受了几次针灸后，现在就可以独自慢慢走路了。"

　　郭久春用中医理论和临床实践，医治了大量的疑难病症。为了推广中医文化，她还和当地的院校联系，开讲座、做培训。她希望通过自己的努力，推动中医的国际化道路。

　　正在剑桥读博士的董桥声对中国文化也是极其热爱。他以丰都县理科状元的身份进入北京大学医学英语专业学习，来到剑桥后选择了西方古代医学哲学。2012 年，他和剑桥的几名教授成立了东方研究学会。2015 年他们推出了西藏传统艺术"唐卡"的展览，在剑桥、牛津、大英博物馆和中国举办了四站展览，引起不小的轰动。"从小到大，我每年都会到丰都鬼城去玩。重庆有着非常丰富的非物质文化遗产，只要做好包装和推广，它们也一定能成为世界级的旅游资源。"

　　文化连根，越是在异质的文化中，才越能看清自己文化的根源。也只有坚持文化的传承，才能让世界保持多元，充满生机和活力。

逐梦寻访如同召集令，聚集起了英法重庆人

在英法发展的重庆人，总体数量并不多，同乡会、商会等社团组织都是刚刚起步，重庆老乡之间的联络比较松散。但是"逐梦他乡重庆人"寻访活动的消息，却如同一个召集令，把散落在英法各地的重庆人聚集到了一起。

邓琰是一位已在英国生活了30年的艺术家，去年成功将中国文化艺术品拍卖引入英国，她说，对家乡重庆一直心怀感激，但她在英国的生活圈子里很少遇到重庆人，当寻访团经过多方努力联系上她时，她非常惊讶和感动，没想到这么多年的异国闯荡，故乡居然没有忘记她。邓琰主动在自己的微信圈中发布逐梦征集令，"逐梦他乡重庆人将来英国采访，您身边有优秀的重庆人吗？请推荐给我。"

寻访团通过各种方式发布寻访信息，在逐梦活动的召集下，一个联系两个，两个联系四个，那些原本互不相识的重庆人被聚到了一起。外宣办的同志还专门建立起两个微信群——在英重庆人和在法重庆人的微信群，让大家在微信上认识沟通。他们说，在异乡的闯荡非常辛苦和孤独，感谢重庆外宣办创建的重庆人微信群，让他们发现，原来还有这么多重庆人也像自己一样，在这里奋斗打拼。重庆人的信息，重庆人的乡音，微信群就像是个网上同乡会，让他们在异国他乡找到了家的温暖！

相思始知海非深！这些远离故土的重庆人，听说寻访组的到来，都从四面八方、不辞辛劳赶来和我们相见、交流，这背后的驱动力正是他们浓得化不开的故土亲情。

他们说，"逐梦他乡重庆人"寻访活动，就像一条情感的纽带，将故乡与异乡的游子连在了一起。媒体对他们的寻访，就是家乡人对他们这些游子的牵挂，那是恩重如山的故乡之情。

"如果让我再次选择，我或许会选择留在重庆！"胡敏告诉我们，每次他一想到故乡年迈的父母，心里的歉疚就无以复加。

"我们退休后，一定会回到重庆生活！"郭久春和李伟夫妇也表达了落叶归根的心愿。

　　"重庆永远是我的故乡，我这样告诉我的儿子，我的家乡在中国，在重庆。那里有我的亲人，有我的朋友，有我美好的童年。"在马赛，羽毛球运动员皮红艳动情地说。

　　带着这些重庆老乡沉甸甸的思乡之情，寻访组踏上了返回重庆的航班。在英国和法国的寻访令人难忘，更让人温暖。正如他们自己所说，不忘根在重庆，内心才更加坚定，远行的步伐也才更加踏实。

汤健萍，重庆广电集团新闻频道副总监，2015 年前往中国北京、中国江苏、英国、法国采访 30 人，2016 年前往意大利、西班牙、中国香港、中国澳门等地采访 40 人。

刘成荣，重庆电视台《重庆发现》栏目编导。2015 年前往北京、上海、江苏、浙江等地采访报道了包括孟非、沈文裕、黄珂等在内的 14 位逐梦人物；2015 年底，前往英法两国，采访报道了 20 多位在海外逐梦的重庆人。

非洲行记

□ 郭金铭

有外地的朋友问我："去非洲采访什么，这么大阵势，是跟随高层出访吗？"我告诉她："恰恰相反，我们要采访在非洲闯荡的普通重庆人，只不过，从某种程度而言，他们代表了中国的形象。"

朋友回复，你们重庆真是大手笔。

利比里亚：大西洋的海风

我们逐梦采访的首站，是西非的利比里亚。机场跑道旁，大家要用消毒药水洗手，桶上写的是"埃博拉不可不防"！经过三十多个小时、六次起降的长途旅行后，我被这几个简单的英文单词轰醒，我真的来到了当初埃博拉疫情最严重的国家。

在利比里亚，我们共有整整五天时间。每天采访从早到晚，再加上时差干扰，大家疲惫不堪。

我的一位采访对象，杨泽涛，长我两岁，聊了几句之后，他就让我刮目相看。他说："我来非洲之前，给自己定了人生中的第一个五年计划，要说一口流利英语、取得驾照、评副高职称、生一个孩子——后来全实现了。"几年后，他的努力与优秀，让他当上了分公司副总。"我又制订了我的第二个五年计划，除了生二胎以外，其他的目标都是关于公司的发展。"

逐梦对于记者来说，是一项"职业福利"：在他人的故事中，感受生动的人生脚步。他的成功，有必然的理由：一方面是自己的努力；但更重要的是，他有努力的平台和机会。

多年的采访工作中，并非每个被采访对象都如此充满向上的力量。而眼前的这次采访，让我全程心潮澎湃。在贫穷的非洲，随处可以比较出中国的进步，而一个强大的中国，不光是经济发展、硬件先进，更应该为每个人提供舞台，去实现自己的梦想。

这次采访拍摄，我特意选在海边，因为除了广阔的大西洋，再也找不到更适合的场所来表现这样几个关键词：人生、理想、奋斗、远方。

乌干达：三国交界的难民通道

在乌干达，我们要拍摄一条路。

这条路是重庆人修的，终点就在乌干达、刚果（金）和南苏丹的交界处。

在我们出发前，南苏丹再次发生内乱，两名中国维和人员牺牲。如果想偷偷懒，我们确实不必到路的终点，长途跋涉走近南苏丹。那里太危险，万一遭遇军事冲突，后果难以预料。但是，既然从重庆来到了非洲，本来有机会实地采访，却因为害怕危险而退缩，岂不是太丢人了！

这条路被外建人称为 92 项目。此刻，我们正沿着它驱车前往南苏丹的边境。路的右边是乌干达，左边是刚果（金），路的尽头就是南苏丹。

突然，在一片灰尘当中，汽车剧烈颠簸，急刹车后，司机说爆胎了。非洲大草原上，西天边最后一抹天光将尽，我们卸下所有的设备、行李，借助手机灯光，帮哈木德更换备胎。晚风中隐约传来人声——这里是乌干达北部，人烟稀少，不远处似有房屋，但人们从来不用电，也就没有一点光线。杨女士提醒我们看好地上的设备，以免暗处突然窜出人来抢东西。

当天晚上 11 点我们才抵达住地。次日一早，我们继续前往边境。翻过一个山头，我看到了 92 项目的终点——南苏丹的边境，沥青公路在这里终止，与南苏丹的一条土路相连。持枪的军警在边境线上驻守，很多难民头顶行李，从南苏丹南下，经这个关口进入乌干达。

Cico（重庆外建）在当地是有些名气的，很多乌干达人都知道，这条路是 Cico 修建的。面对复杂的政治局势，边境上的三国居民只能逆来顺受，但是无论面对和平还是战乱，这条路都将是他们的必经之路，伴随他们一步步走下去。

边境上，一树的编织鸟，编织出无数鸟巢。树下，是一群背井离乡的南苏丹难民。在一群黑人当中，我们的外貌是如此异类；在荷枪实弹中，我们的拍摄是如此小心翼翼。出国十多天以来，我第一次如此明显地感觉到，家对我来说，如此重要。

肯尼亚：生活，本可以简单

在肯尼亚马赛马拉大草原，我们来到星巴的营地。

来之前，我有两个疑问：一个是，星巴在重庆当了 15 年公务员，为什么要辞职跑到非洲来保护野生动物？另一个是，他是怎么做到的？

前一个问题，关乎他的内心；后一个问题，在于他如何解决与他人的关系。

星巴说话的语速，不疾不徐，让人很快就感受到他的平静。第一天我发现，有两次，他的语调明显提高，表情被点亮：一次是大家围坐采访时，他说到了自己与动物的过往；另一次是，思超发现了营地边有一条蟒蛇，闻讯奔来的星巴兴奋异常，连忙问道："拍下来没有，遇到蟒蛇很难得的！"

后半夜，马赛马拉大草原气温骤降至十来摄氏度，我在帐篷的地铺上冻醒，两层睡袋还不够，再加一层薄毯，帐篷外，各种动物的鸣叫已持续了一夜。

六点一刻，喝过一杯早茶，我们坐上星巴的巡逻车，去寻找晨间捕猎的狮子。

天色渐亮，车灯照亮弯曲的辙印。星巴说，已经四五天没有遇见狮子捕猎了，如果想见到狮子，必须起早，因为天亮之后，狮子就要开始睡觉了，它们每天要睡 18 个小时。它们的生活很简单——捕猎、进食，然后睡觉。

运气不错，我们看到了三拨狮子：一头母狮带着两个幼崽步入丛林；

一头雌性捕猎高手；四五头狮子分享一头角马，其中的一头三岁雄狮先行吃饱，漫步踱向丛林——待它的鬃毛再长长些，就将被驱逐出狮群，去另立门户。不远处的鬣狗、豺狗和秃鹫等待着狮子走后，分享"残羹剩饭"。

"星巴"的意思，就是狮子。2004年一次出差非洲的经历，改变了他的人生轨迹。当时，他在一棵非洲独有的金合欢树下，看到了一头雄狮，美得摄人心魄，他决定：接下来的人生要与此相关。

趁着休假，他到非洲各地寻找狮子，了解狮子的习性，但这远远不够。2010年，他辞去公务员的工作，专心跑到非洲来从事野生动物保护工作。

"开什么玩笑，你们中国人来保护野生动物？不来吃野生动物就谢天谢地了！"这是西方人对中国人的看法。"但是我想让他们看看，在野生动物保护领域，中国人也可以做一些事情。"

广袤的马赛马拉野生动物保护区，大批角马、斑马正迁徙在旱季的草原上，远远地审视我们。象群从我们的车辆两侧缓步经过，我屏住呼吸，就像在看一部超清的大片。

但是，很快我就发现，这里最美的风景并非大自然，而是人的生活状态。

星巴说，要想保护狮子，必须解决人狮矛盾。

马赛人口快速膨胀后，过度的放牧导致土地沙化，食草动物减少，狮子缺少食物，不得不以牛羊为食。于是，马赛人报复狮子，杀戮随之展开。

星巴的一切努力在于，让马赛人明白：只有保护狮子，留住野生动物，他们才能获得更多利益。他找到了与马赛人的相处之道，成立中国人在非洲的第一个野生动物保护基金会，募集资金、招募志愿者，为马赛社区修建防狮围栏和饮水设施、提高部落小学教育水平，为保护区捐献巡逻车辆和设施。

动物又回来了，自然也就吸引了游客，而游客则给保护区里的马赛人带来收益。简单直爽的马赛人接纳他为马赛人，为他举办仪式，把他当作名誉酋长。

"兄弟伙！"野生动物保护营地附近的马赛人都会几句重庆话，这些都是星巴教的。星巴说："重庆话有味道些。"

第二天傍晚，我们俩对坐在草原上采访问答。西天大片的云幕遮住夕阳，草原上除了风，一片宁静。我问他："如果让你回到城市里，过原来的生活，你还能适应吗？"

"不适应，压力太大了，堵车、高楼大厦，实在是不喜欢。现在每一天，大草原都会呈现不同的美，每天的工作都是有意义的。"

"最后一个问题，你现在有烦恼吗？"

"我在这里一点烦恼都没有，每天都很快乐！我愿意一辈子这样过下去。"

人们从生下来，就开始寻找自己的归宿。有的人也许一辈子都没找到，但有些人找到了，从此活得自在明白——星巴的简单，让他生而属于这里。

他送给我一本他的基金会主办的杂志，我主动索要签名。

"生活，本可以简单。"——星巴，2016 年 8 月 14 日于奥肯耶。

坦桑尼亚：一个"80 后"的伤痛与成就

王高懿的年纪比我小，却已经在坦桑尼亚工作了 11 年。11 年，从 24 岁到 35 岁——人生中最富朝气和战斗力的年纪，他全都留在了非洲的荒野里。

他的工作是修路，他是重庆外建坦桑尼亚公司总经理助理。

高懿很稳重。他的言谈举止始终保持在一定的频率。无论是见面、分别，还是访谈、拍摄，他都理智清醒，不失分寸。他说，11 年，自己的棱角早就磨圆了，人在非洲工作，处处代表着中国企业的形象。

我们的采访中，只有一次，他显得有点着急。

"我是 2006 年和我夫人在项目上认识的，两年之后结婚。我们一直都特别想要孩子，但是婚后夫人回国，我在非洲一年只有一次假期。直到 2011 年，夫人来非洲探亲期间，才怀上了孩子，等到过了三个月稳定期后，她才回国安胎。

"但是她一回国，疟疾就发作了。直到一周之后，抽了骨髓才确诊是疟疾无疑。

"当时，我夫人的病情已经拖延了一个星期，疟疾发展为肺炎。要治肺炎，就得大量使用抗生素，但是用药的话，对三个月的胎儿来说是致命的。

"为了保住苦等三年才怀上的孩子，我夫人坚持不吃药，想熬一熬，也许挺过去了，孩子就保住了。她在电话里跟我说只是小感冒，我也没当回事。直到她都昏迷了，医生下了病危通知书，我才意识到出事了，赶紧买张机票飞回重庆。在医院里，我看到她脖子上插着管子，人都快不行了。"

在非洲待过的人都知道疟疾的症状：感冒发烧、时冷时热、浑身发抖。我问他："怎么拖了一个星期，来非洲就应该意识到，自己得的很可能就是疟疾啊，为什么不赶紧对症下药？"

"我们从一开始就知道是疟疾，我夫人去医院，对医生说刚从非洲回来，肯定是感染了疟疾。但是国内没有这种病，不容易确诊，医院在没有确诊的情况下不敢随便用药。一个星期后确诊了，但是已经发展成肺炎了。"

他的夫人抢救过来了，但是，孩子没了。拍摄间隙，他用力吸了几口烟。

高懿在采访中把他现在的宝宝叫作老二。在他家里，永远给老大留了一个位置。

没有周末，没有娱乐，非洲的明月、简易的板房、水泥的球场，就是关于青春的全部回忆。

"后来，我参与修建的路被坦桑认可，我觉得我还是挺有成就感的。"

8月的芒果树开花了，有的已经结出青涩的果子。再过两三个月，这些芒果就可以运到大城市去了。而我们拍摄的那条路，就是他参与修建的工程之一。

他的成就在于，不仅靠双手为家人创造了生活，也把作品留在了非洲大地。

苏丹：枪弹掩护下的逐梦拍摄

一个多月前刚到西非时，担心的是埃博拉、黄热和疟疾；随后辗转东非，又时刻警惕针对黄种人的抢劫；如今到了北非，才知道此前的种种顾虑都是小儿科，因为苏丹随时都可能会有真枪实弹的较量——反政府势力与政府军队的武装冲突时有发生！

　　拿到苏丹新闻部门发放的拍摄许可证后，考验接踵而至：节目的精彩与拍摄的安全，我们该如何权衡？

　　从首都喀土穆驱车向南，我们出发去拍摄重庆外建的道路施工项目。行进至600公里处的三岔路口，我们必须作出选择：向右走，那里的221项目相对安全；向左走，有可能与反政府武装不期而遇，那里的185项目营地曾多次受到炮火袭击甚至人质绑架，惊心动魄的故事一言难尽。

　　有那么一刻，我们都没说话，但彼此的眼神已经达成共识。实际上，作出这个选择并不难：当记者不冒这次险，会后悔一辈子。

　　外建修建的这条"185"公路是这一地区唯一的经济走廊。越往前，人烟越稀少，由于这里是南部山林与戈壁的交汇地带，因此历来也是双方军事冲突的频发区域。政府军在路上层层设卡，天黑之后，前方路段将全线封闭。

　　气温接近40摄氏度，路面热浪滚滚。我们终于在"185"道路上开机拍摄，却是以一种从未想到的方式：为了确保安全，政府军全程开路护送——士兵在皮卡车上驾起机枪，枪弹已上膛，以抵御荒野中隐藏的反政府武装。皮卡车一路飞奔，我们跟在后面，睁大眼睛看着这难得一见的采访阵势。然而，这种气氛对于重庆外建苏丹公司总经理聂绍明来说，早已习以为常。他们在修这条185公里长的道路时，见过的场面多了。

　　只要是能带走的东西，反政府武装都感兴趣：食物、电脑、洗衣机，钱就更不用说了，皮卡车是他们的最爱——架上机枪就可以和政府军打起游击战。

　　几米高的柴油罐被击穿，柴油被劫掠一空，油罐上弹孔的补丁至今清晰可辨。在施工营地里，一次次遭袭的痕迹随处可见。而每一次劫掠前，反政府武装都会先用枪炮乱轰一通，为自己造势。

　　逐梦报道过程中，记者一般情况下不会出镜，为的是把更多的时间留给受访的逐梦人物。但是这一次，我破例要直面镜头讲解一个炮弹爆炸的瞬间。为此，搭档思超爬上集装箱，沿着炮弹下坠的方向俯拍下来——"这里是苏丹'185'公路项目的施工营地，在这里我们能够清晰地找到2013年反政府武装袭击这里时留下的痕迹。当时炮弹击穿了上面的那根钢管，随后四散的弹片击中下面的集装箱，集装箱上的弹孔清晰可见，当时集装箱里有不少重庆籍员工。"

重庆外建的聂先生说，抢劫财物都是小事，最让公司担心的是员工的人身安全。

"有一次，两个持 AK-47 的反政府武装人员骑摩托车过来，看到我们的一个重庆籍员工在独自操作大型设备，就把他劫走了。开到半路，翻车了，我们的员工胆子大，和他们扭打起来，趁机把弹夹拆了下来，抓起弹夹就跑。

"还有一回，一个重庆员工在被劫走的半路上，政府军和反政府武装相遇，双方直接互射，枪声四起。我们那个员工，被绑了手、蒙了眼睛，趁乱赶紧跑。"

我赶紧插话："万一被流弹击中怎么办？"

"所幸人没事，跑回来了。"

我稍微走了一下神，试着还原那位重庆籍员工当时的心理活动——如果留在原地不动，被对方劫走，自己成为反政府武装与政府谈判的筹码，后果更难预料；还不如赌一把，在枪炮声中闯一条生路。

"这么危险，你们为什么还要在这里驻守多年？"我问。

"我们公司和苏丹政府签订了合同，重庆的企业在一定程度上也代表着中国的形象，不到万不得已，我们不会撤。"面对我们的镜头，聂先生说。

在政府军驻扎的一个军事据点，搭档思超蹲在枪眼前和士兵相向拍摄。我的心提到了嗓子眼，低声说了一句："你跑到他前面干什么，万一走火了怎么办？！"但是思超没回应我，抓紧时间拍下一组画面。

我们本想沿着"185"公路继续前行，但是政府军以前方路段危险为由，取消了我们的计划。太阳偏西，我们返回营地。

我们在营地住了两晚，营地外不远处就有政府军驻扎，更远处是一望无际的北非荒野，连手机信号都时断时续。为了不引起反政府武装的注意，营地室外不设灯光，在一片寂静的星空下，对驻守在这里的重庆人来说，没有消息往往就是最好的消息。

利比里亚、乌干达、肯尼亚、坦桑尼亚和苏丹，在一个半月里，我们追寻重庆人的逐梦脚步，记录精彩绝伦的人生故事。踏着密集如急行军的步点，我们观察着非洲，也通过这群逐梦人物看到中国的形象，以及重庆的独特精神气质。正是因为有了梦，有了为梦而逐的人，有了不断向前的力量，与这里隔山隔海、跨洲跨洋的那一块故土才更具召唤力，才更具希望。

郭金铭，重庆电视台记者。2015年前往广东、福建等地采访十位逐梦人物。2016年前往非洲五国，分别是西非的利比里亚，东非的乌干达、肯尼亚和坦桑尼亚，以及北非的苏丹，采访十二位在非洲逐梦的重庆人。

他们用可贵的品质展现了中国人的正面形象
——"逐梦"意大利、西班牙记者手记

□ 颜若雯

　　虽然参加赴意大利、西班牙逐梦采访报道回渝已经半年，但半年前的许多采访细节，仍然清晰地保留在我的记忆里。

　　按照计划，我们的这次采访为期40天，先后奔赴米兰、都灵、代森扎诺、威尼斯、佛罗伦萨、米兰、巴塞罗那、瓦伦西亚、马德里等城市，寻访16位重庆老乡。坐在飞机上，我开始想象这些即将谋面的采访对象的面孔，期待着听他们讲述各自精彩的打拼故事。然而，我也大致了解过采访对象的简历，我知道，这次采访的十多位老乡，没有什么"大人物"，他们大多仅仅是在异国站稳了脚跟的逐梦人。

　　采访机会难得，兴奋之余，我却不免有些担心稿子会显得平淡。回程时，翻开采访笔记，我知道，当初的担心是多余的。

重庆人用工匠精神在异国赢得尊重

　　2016年10月13日凌晨1时50分，我与其他媒体的5位记者在机场集合，大家简单地在机场照了一张出征照片，便踏上了前往欧洲的"征程"。经过20多个小时的飞行和转机，我们抵达了米兰。

　　我们的第一位采访对象——重庆姑娘周子文在机场迎接我们。几句简单的寒暄之后，周子文带着我们转地铁前往预订的酒店。

　　7年前，我曾作为交换学生在意大利学习，再次踏上这片土地，我感

受到了一些变化——机场、火车站、地铁站的自动售票机开始有中文服务了。这让我感到非常亲切，也因祖国的日益强大而感到自豪。

在地铁上，我们与周子文聊天。原来，这个重庆姑娘在米兰开创了自己的服装品牌，虽然第一批成衣刚开始销售，工作室的员工也不多，但潜力无限。

在随后的采访中，几位重庆老乡在异国踏实工作的精神深深地打动了我。在代森扎诺当百货店店长的任永洪来自彭水农村，多年前在浙江打工时随着出国大潮来到意大利打工。在意大利，他做过熨衣工人，在华人超市当过搬货工，一步一步自学意大利语，靠勤奋受到老板的赏识，成为了一店之长。

目睹任永洪与意大利人打交道，我感受到了他获得的尊重。因为意大利铁路罢工，采访组计划提前一天离开，按照规定，预订的酒店不会退款，但任永洪出面，酒店方给足了他"面子"，破例退款，为我们采访组节约了一笔经费。

后来，在采访中我们了解到，一开始，当地人对任永洪以及他掌舵的

华人百货店并没有报以多大的善意，甚至有小偷专门锁定任永洪的超市，明偷暗抢。但任永洪始终踏实做事，他的勤劳和善良打动了意大利人，如今，连当地警察也成为了他的朋友。

在罗马，采访组一行见到了开川菜馆的韩旌。韩旌的餐馆地点偏僻，店面也不大，却吸引了不少知名人士来就餐，还成为了当地小有名气的中餐馆。

采访的当晚，我感受到了韩旌餐馆生意的红火程度——十多张餐桌早就被预订一空，到了晚上10点，还有意大利人在门口等着就餐。但令人惊讶的是，韩旌并不打算扩大店面，也没有提高菜品价格，她的目标，仅仅是做好每一道菜，让意大利食客吃到最正宗的重庆味道。

韩旌在厨房忙碌的身影令人动容。在意大利，这个重庆姑娘经历过质疑和嘲笑，历经千辛万苦收获了一点成功时，却没有一点骄傲自满的情绪，她仍踏实守在小小的厨房，践行着作为厨师的工匠精神。

偶遇地震，同胞关心令人温暖

在离开罗马，前往西班牙巴塞罗那的前一天，我们意外地经历了一场地震。

意大利当地时间10月30日上午7时40分，意大利中部地区发生6.6级地震，在罗马的我们有较强烈的震感，屋内的衣帽架和窗外的电线杆都明显在摇晃。客栈房东玛利亚告诉我们，对于罗马人而言，这是一次震感比较强烈的地震，她感到很害怕。

随后，我通过微信联系上在翁布里亚大区马切拉塔的中国留学生张晓彤，了解震中地区的情况。张晓彤告诉我，她租住的房子位于6楼。10月26日晚，马切拉塔发生5.5级地震，她所住房间的玻璃杯被震至地板摔碎，随后她试图下楼逃生，跑至三楼时，见到墙面开裂。她说："当时有些绝望，好多思绪涌过，好在地震随后就停了。"

随后的几日，张晓彤搬至朋友位于一楼的住所。10月30日，6.6级地震发生时，张晓彤觉得震感比前次更强烈，"我在睡梦中被摇醒，赶紧往外跑。"跑到空地上时，张晓彤看到，当地居民纷纷出门逃生。马切拉塔市中心不少古建筑受损。

所幸的是，这次地震没有造成人员死亡。地震发生后，不少采访对象通过微信、电话等方式询问采访组一行的安危，来自同胞的关心，让我们感到非常温暖。

地震之后，我们与罗马客栈房东玛利亚的关系亲密了很多，得知我们此行的目的后，玛利亚笑着说，她曾经也是一名纸媒记者，如今行业不景气，她的职位已经不存在了。玛利亚被迫离职，在罗马开起了客栈。

玛利亚的语气里透露着些许无奈，不知她是否有些羡慕我们这些来自中国的记者还有在外采访的工作机会。

老乡扭转西班牙人对中国人的刻板印象

在西班牙，我了解到，一些西班牙人对中国人仍存有刻板印象——不少西班牙人认为中国人不苟言笑、只会工作。

然而，我们的重庆老乡正以实际行动改变着这些刻板的印象。

与其他几位逐梦他乡的重庆老乡相比，朱启辉在异国的打拼之路显得轻松了许多。在少林寺刻苦练功多年后，朱启辉曾前往世界各地表演武术，游历世界后，朱启辉选择了舒适的西班牙瓦伦西亚定居，在这里开了一所武术学校。

在瓦伦西亚，朱启辉因中国功夫收获了名誉与尊重，他的弟子中有校长、警察、政府官员等各行各业的西班牙人。如今，他还邀请西班牙著名的弗拉明戈舞蹈家与他合作，共同演出了一台功夫舞蹈剧。在瓦伦西亚，朱启辉把中国文化带入了西班牙的主流社会中。

彭乔芃随西班牙籍丈夫定居小城特拉萨，这里几乎看不到亚洲面孔。彭乔芃与社区居民们关系融洽，她的到来，让西班牙邻居们了解到，原来中国人也爱养花种树、会研究美食。

在马德里，重庆小伙子陈慧组织了张惠妹、莫文蔚的演唱会，火爆的演唱会现场让不少西班牙人惊叹："原来中国人也有这么热情欢快的一面！"

要让欧洲人正确全面地了解中国，也许还有很长的路要走，但在这次采访中，我明显地感受到，我们的重庆老乡在欧洲为中国人树立起了正面的形象。他们虽没有成为"大人物"，却多年如一日地用行动展现着踏实、勤劳、善良等可贵的精神品质。

颜若雯，重庆日报记者，2016 年 10 月至 11 月，前往意大利、西班牙，采访 16 位"逐梦"人物。

游子与乡愁
——"逐梦他乡重庆人"云南行侧记

□ 徐 焱

　　26 天，5 个城市，10 位特色鲜明的重庆人。2015 年 5 月 11 日，"逐梦他乡重庆人"全媒体大型人物故事寻访第三批云南组出发，我们在一片被称为"彩云之南"的土地上，追寻一位位"逐梦人"的脚步。他们或投身当地建设，或开客栈、开书店，虽然身份、阅历各不相同，但无一例外的是，他们对家乡重庆都有着深深的眷恋和思念，言语之间总能读出"最浓一抹是乡愁"。

"思乡忽从秋风起，白蚬莼菜脍鲈羹"

　　第三批云南组的"逐梦"行程由大理开始，第一个采访对象是翟国泓——"海豚阿德"书店的老板。因为书店的名字，当地人大多亲切地称呼他为阿德。

　　阿德今年 36 岁，他的"逐梦"之旅开始于 2012 年。他和妻子有两个梦想，一个是开书店，另一个是过日子。于是，夫妻二人就这样追寻着梦想的脚步到了云南大理，在老街上租了一栋 2 层小木楼，凭借网上众筹开起了书店。

　　梦想照进现实是幸福的，沉浸在梦想中的阿德始终没有忘记的，是记忆中的重庆味道。采访中，提到美食，阿德一下打开了话匣子，从火锅到啤酒，再聊到小面、凉糕，最后他干脆提出带大家去体验："古城老街上有一家面店，是重庆人开的，味道比较正宗。那家店的小面会放青菜，味道更接近重庆小面，吃起来特别过瘾。"

梦想的力量是强大的，阿德和妻子决定留在大理发展。乡愁的力量也是强大的，阿德已经吃遍了当地所有的小面、川菜和火锅店，为的只是找回记忆中的味道。

其实，乡愁之于阿德，更像是莼鲈之思的感觉，只是阿德没有像西晋的文学家张翰那样为了美食弃官还乡，但"思乡忽从秋风起，白蚬莼菜脍鲈羹"这句诗用在他身上并不为过。

或许，乡愁里的很大一部分，正是对家乡味道绵绵不绝的回味与思念，在想念那片遥远土地的同时，难免会唤起味蕾的躁动。

正如阿德所说，有的时候半夜肚子饿了，就会特别想来一碗小面，这几乎是每个逐梦人都曾有过的经历。故乡、童年、亲人，无尽的滋味，每每在舌尖萦绕，百转千回，鲜活如昔，无法淡去。

"但使主人能醉客，不知何处是他乡"

一口特制大铁锅，一大把辣椒、花椒，反复翻炒，一股热辣味道立马充斥味蕾，这是"逐梦他乡重庆人"王天眼中原汁原味的重庆老火锅。开在苍山脚下的朝山火锅小院，正是王天在云南大理的产业。

采访中，王天回忆，他 17 岁离家，给别人打过工，自己也当过老板，最终他选择在大理经营重庆老火锅，就是想让在大理打拼的重庆人，思乡的时候能尝到一口地道的家乡味道，以解乡愁。

采访结束，王天拉住大家，说一定要在他的小院里品尝一下他的重庆火锅。觥筹交错间，王天自豪地介绍起他的小院——请的是重庆一家老火锅的传人来熬制底料，坚持重庆味道，并不会迎合当地口味随波逐流，因此不少在云南工作的重庆人三天两头就会来吃一顿，并称赞说"这里有家乡的味道"。

李白在《客中行》里写道："但使主人能醉客，不知何处是他乡。"在朝山火锅小院同样如此，墙上挂满了重庆火锅的老照片，角落里堆着江

边捡来的鹅卵石，听着王天用地道的重庆话畅聊儿时记忆，恍然间，还真以为自己身处重庆。

乡愁之于王天，多了些洒脱与豪放，也多了份好客和重情。他把"有家乡的味道"当作是最走心的褒奖，他把故乡的风貌装进了一方小院里，分享给了同样漂泊在外的重庆人。

"春风一夜吹乡梦，又逐春风到洛城"

提到乡愁，当然不仅仅是思念故乡的美食，还有许许多多积淀在心底的情愫，愈是随着年龄的增长，对故乡的思念也就愈发浓烈。采访行程中，云南建工集团前总经理沈金柱让我们深深地感受到了这一点。

十多岁离开重庆到昆明支边，如今沈金柱已近古稀之年。他说，在重庆生活的时间虽远不及在昆明久，但重庆对他儿时的影响无疑是巨大的。

在对沈老的采访结束之后，大家收拾器材准备离开时，沈老看似不经意地问我们："你们拍没拍过重庆的江景？两江交汇的那种，很美，很震撼。"

对于两江，我们几乎是天天可见，作为记者，拍江景也并不为奇，倒是沈老不经意地一问，让我们再度进入了采访的状态。

"去年，《云南日报》的记者去重庆拍了一张照片，拍的是长江、嘉陵江两江交汇的景象，我特意去找他们要了照片。我准备把照片放大，挂在家里的墙上，想家的时候就可以看看。"沈老的话语中透着憧憬。

于我而言，两江交汇是一道独特的风景，但是于沈老而言，滔滔江水的碰撞，承载的却是他魂牵梦绕 50 年，一生挥之不去的浓浓思念。"春风一夜吹乡梦，又逐春风到洛城。"或许在沈老的梦里，也曾无数地越过千里关山，回到日思夜想的故乡。

离开沈老的办公室前，沈老拿起办公桌旁的纸和笔写下了一首诗："从来少年多英才，巴渝豪气今犹在。果然野火烧不尽，春风阵阵扬威来。"

"少小离家老大回，乡音无改鬓毛衰"

贺知章的《回乡偶书》是一首脍炙人口的唐诗，诗中的景象放在"逐梦他乡重庆人"采访对象孔继东的身上，可以说是刚刚好。

1965 年，16 岁的孔继东为支援边疆建设，离开重庆奔赴云南，从普工做起，当过技术员，最终成为一家民营监理公司的董事长。

对孔老的采访更像是在聊天，虽然他只在重庆生活了 16 年，但是这位年近古稀的老人保留了许多和重庆有关的记忆，比如在新华路玩滑板车，比如打零工换滑冰钱，比如徒步去南温泉春游……聊到尽兴时，整个房间里都是开怀的笑声。

孔老说，如今退休了，他有了更多的时间，因此时常都会回重庆看看。尽管孔老"少小离家老大回，乡音无改鬓毛衰"，但迎接他的，却不仅仅是"儿童相见不相识"，更是山城的巨大变化。

家乡日新月异的发展带来的震撼里，同样挟裹着孔老浓浓的乡愁：

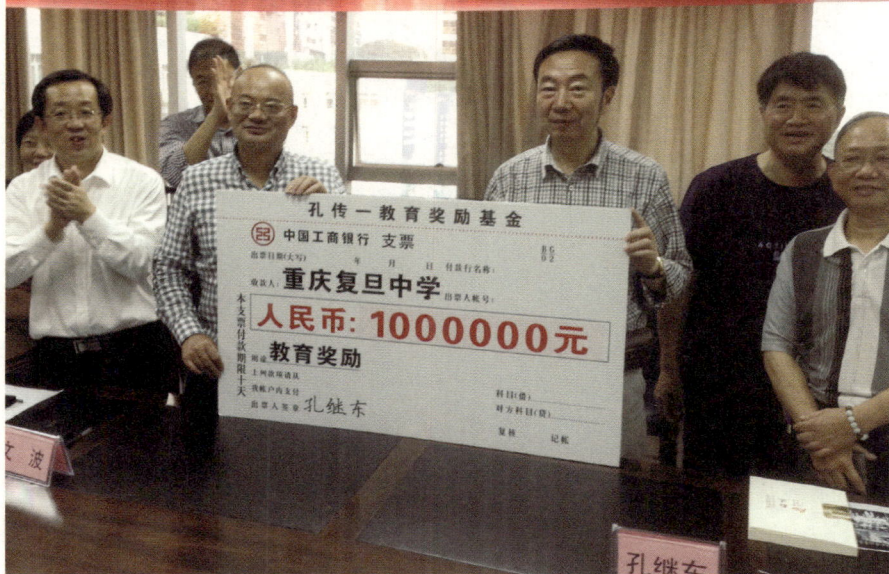

"2014年回重庆的时候，家附近已经变得认不出来，人民英雄纪念碑成了周边最矮的建筑。"

对于家乡的思念，孔老将其化作了实际行动。2016年夏天，孔老回到母校重庆复旦中学，捐资100万元，以曾在复旦中学任教的父亲孔传一的名字设立了教育奖励基金。那一天，来到学校见证奖励基金成立的，还有孔继东的初中老师以及十多位初中同学。仪式上，孔老递出支票时的微笑，更像是乡愁得解的一份欣慰。

乡愁之于孔老，是尽一份心力的愿望。孔老用一种无私的方式，回馈了曾哺育过他的巴山蜀水，相信未来再度回到母校的孔老，不会再是"儿童相见不相识"。

26天的采访时间里，我们接触了10位在云南追逐梦想的重庆人，其中还有工人、客栈老板、摄影家，等等。他们的人生经历各不相同，但言语间，都透露出对故乡的浓浓思念。

逐梦他乡重庆人 Chongqing Flyers

幕后·札记

正如一位逐梦人说的那样，故乡不仅是一片土地，更是一份思念，它承载着心底最柔软的温情，让逐梦的脚步踏实而坚定。因为他们知道，纵使为了梦想踏过千山万水，走过风雨兼程，在故乡重庆，总有人会点一盏灯，等他们回家。

徐焱，华龙网记者，2015年5月前往云南昆明、大理、曲靖等地，采访了10位"逐梦他乡"的重庆人。

以梦想的名义出发

□ 周梦莹

2016 年国庆小长假结束后，采访"逐梦他乡重庆人"北京组出发了。在看到采访对象名单的时候，大家都有些激动。30 天内采访 15 名逐梦人物，有律政玫瑰，有奥运冠军，有央视名嘴，有电影导演，还有各行各业的精英……这是一次难得的交流机会。

初遇儿时的偶像，看到了梦想的力量

我们住的地方是北京南二环一家招待所，但采访对象大部分住在北二环、北三环，或者东三环，当地早晚高峰时段堵车两个小时以上是常态。为了能准时赶到采访地点，我们几乎每次都是六点半起床，在车上梳理采访提纲；晚上结束采访后，七八点还堵在回招待所的路上，商量着晚饭吃东北锅包肉还是京酱肉丝。

如果你知道《希望英语》这个节目，就一定知道节目主持人赵音奇，不少人都是看着他的节目长大的，当然，这也包括我；如果你熟悉《中国诗词大会》，知道董卿，知道武亦姝，但你不一定知道，第一季《中国诗词大会》的总制片人就是赵音奇，换句话说，他从无到有，打造了一股综艺界的清流。

我的中学时代几乎都是看着《希望英语》过来的，不过那时候我们还没有"追星"的说法，不会在网络上找资料，所以我一直以为赵音奇是英语播音专业的科班生。直到这次采访才知道，原来，他本来是中国人民大学国际会计专业的学生，而且一直读到了该专业的硕士研究生学位。

采访前，我一直处于兴奋的状态。见到赵音奇的那一刻，我大吃一惊，心里想："哇！好高！"出于职业素质，我很快冷静下来，完成了采访。本来以为可以在"逐梦"对象前"瞒天过海"，但采访结束后，采访组中的"70后"同事突然逗趣地指着我对赵音奇说："她是你粉丝呢！"

赵音奇爽快地笑了，并提出带我们去吃火锅："这周围哪家火锅好吃，哪家一般，我都知道，毕竟我们重庆人就喜欢这个！"

但当时因为要赶去坐动车到山东采访，不得已婉拒了他的提议。于我而言，也许这是此次"逐梦"采访中作为"小粉丝"的一个小遗憾吧。

采访律政佳人，两次选择的勇气

《变形金刚4》在武隆天坑地缝里的那一场戏相信大家都有印象。由于片方没有按照约定"在电影画面中将以地标牌的方式醒目地呈现'中国武隆'的标识"，2016年，武隆景区正式起诉《变形金刚4》片方，并在一审中完胜美国派拉蒙公司。

帮助打赢这场官司的正是北京金诚同达律师事务所高级合伙人刘红宇，一名从重庆市奉节县走出的知名女律师。她是改革开放之后第一批成功创办律师事务所的律师，现在是全国政协委员、北京市人大代表，也是西南政法大学的校友。

2016年10月，我们第一次走进刘红宇的律师事务所时，他们正在开高级合伙人会议。在众多的律师中，我们很快就找到了刘红宇，虽然她已经年逾五旬，但十分干练，"律政佳人"这四个字用在她身上很贴切。

采访过程中，无论是聊起少时的生活和求学，还是工作后遭遇无赖来办公室撒泼耍横，她都以一种很平静的口吻缓缓道来。在她的人生中，有两次选择。第一次是高考填志愿的时候，她希望成为一名作家或者记者，但在父母的影响下决定放弃自己的想法，选择了法律界的"黄埔军校"——西南政法大学。大学期间，她看到老一辈律师以专业的法律知识让不知如

何打官司的人有了依靠，渐渐地促生了刘红宇的律师梦。

刘红宇进行的第二次选择，显得更为大胆。大学毕业后，本来已经在农业银行北京分行干出了一番成绩，但那时她毅然选择向单位退回分到的房子，辞职"下海"创办律师事务所。试想，北京100平方米的房子，说不要就不要，这样的毅力，换作现在，也并非人人都做得到吧。在那个年代，这无疑等于放弃了人人羡慕的"铁饭碗"，但这也成就了今日的刘红宇。

逐梦他乡，重情重义

在漳州繁华商业区，赵宗琴的红酒庄独独寻觅到了一处静谧之地，身处闹市却也怡然自得。推门而进，一张复古的雕花实木桌和几把太师椅，衬得酒庄别有一番古朴的味道。

"来来来，赶紧坐！"眼前这个中等身材、笑容亲切的女子便是赵宗琴，她一边招呼采访组，一边熟练地泡起功夫茶。冲茶、刮沫、淋罐、烫杯、洒茶，一连串动作十分娴熟，"在这边待久了，习惯了，这边人聊天见朋友，都有喝茶的习惯。"

习得这样熟练的泡茶功夫，这在 20 年前，是赵宗琴想都没想过的。1977 年，赵宗琴出生在重庆江津农村，初中毕业后就没有再读书，1995 年，18 岁的她决定南下闯一闯。在采访中，她聊起这么多年来，她感受最深的就是外地人对重庆人态度的转变。

20 世纪 90 年代，来福建的人很多，说普通话的女生有时会被当作"特殊工作者"，赵宗琴也遇到过这样的误解。不过，如今她再说起自己是重庆人时，很多刚认识的朋友都会羡慕不已。

在福建漳州"逐梦"的重庆姑娘张静莎，同样给我留下了深刻的印象，大概是因为她开的火锅店里无处不在的重庆元素。

小时候，张静莎在琴行挑中了电子琴，一学就是十几年。2000 年，十几岁的张静莎和朋友们成立了重庆第一支女子乐队——"窗户上的女妖"。因为觉得电视上的品牌代言人都是最新潮的歌手，年少时，她的梦想是做"3+2"饼干的代言人。

在学业和音乐之间，她选择了音乐；在音乐和乡愁之间，她选择了乡愁；最终，她把漳州的火锅店开成了乡愁馆。

在采访前，她问"需要说普通话还是重庆话"，当得知可以说重庆话时，她乐了："太好！说重庆话人都要自在些！"说起重庆，这个看上去颇具男孩子气的摇滚姑娘数度哽咽："常常想重庆了就买一张机票回去看看，重庆绝对是我心中的 No.1！"

我们这次的采访团队很有意思，有"70 后""80 后""90 后"，虽然最大的和最小的之间差了快 20 岁，但相处起来却很愉快，常常是深夜走在北风呼啸的街头，大家一个个提着采访设备、电脑，冷得打哆嗦，却还在互相打趣、逗乐。

当然，更冷的状况发生在内蒙组。受西伯利亚寒流影响，当地温度降到了零下 40 摄氏度以下，内蒙组的小伙伴出门不到两分钟，睫毛上就结了冰，鼻孔里也结了小冰凌，连眼镜镜片上都结了一层冰。这时，手机不仅是耗电量快的问题了，拿出来不到两分钟，竟直接冻关机。单反相机也扛不住了，没过 15 分钟就突然失灵了，快门键怎么按都没反应。一路向北，不断刷新了采访组对"寒冷"的认识，但能在如此天气下为梦想奔走，大家都觉得值。

"大山大水重庆城，重情重义重庆人"，此话一点不假。在这几次的"逐梦"采访中，我深刻感受到了逐梦他乡的重庆人对家乡的认同感，以及不同于寻常的热爱。

周梦莹，华龙网记者，2015—2016年先后前往北京、南京、福建、山东采访21名"逐梦"人物。

梦想的力量
——"逐梦他乡重庆人"全媒体大型人物故事寻访感悟

□ 张 旭　杨新宇　黎胜斌　黄 晔　徐 菊　曲鸿瑞　吴国富　平索茜

　　我们用文字、图片记录着这些重庆人真实的故事，分享他们的奋斗喜悦，或为之感动，或为之敬佩，或为之鼓舞。

　　今天，我们一起来看看重庆晨报的各路逐梦记者所见证和记录的过往，那些经典的细节、难忘的瞬间，看看我们的媒体记者从这些逐梦人身上领悟到的重庆性格、时代音符，以及梦想的力量。

"日行八百里"追寻逐梦人

　　时隔一年多，新疆那将近一个月的逐梦采访，成了我生命之中的荣光。印象最深刻的，莫过于每个城市之间的转换之路，有时需要乘飞机，有时则需要从早到晚地乘车，"日行八百里"在这里一点也没有夸大。

　　在这里，单单说说"路"的故事。

　　新疆地域广阔，一个城市与另一个城市之间的距离都是以百公里计。虽然早有心理准备，但真的置身于列车或机舱才真的感受到——路，是这样长。

　　第一天，从乌鲁木齐到喀纳斯，我们的车就足足走了 9 个多小时。

　　新疆之行，印象最深的是民族团结模范尤大姐带着她的"尤良英"品牌大枣回到重庆，为此，我们还写过专门的报道。

　　逐梦的故事，还在继续，牵出的种种深情，也值得回味。

把"梦"的目光瞄准草根一族

2016 年 10 月底，我们"逐梦他乡重庆人"一行 6 人抵达广东。

把目光放宽，寻找在通往成功的道路上苦苦求索的重庆人、外出打工努力改变自己命运的草根一族、平心静气在学术或自己的领域取得了成就却声名不显的重庆人……

在深圳最先倡导儿童阅读的退休小学校长袁晓峰，桥牌国手、原国家桥牌女队教练林亚夫，广州社科院高级研究员彭澎……我们的采访对象虽然没有显赫的身份，却各有特点，鲜活、生动。

印象最深的是采访闯广东的流浪歌手艺涛。艺涛原名黄启贵，重庆荣昌双河村人，到广东打工、做流浪歌手 10 多年。

原本不愿讲自己坎坷经历的艺涛，最终在我们面前敞开了胸怀，倒出了自己当"广漂"10 多年的经历，并为我们清唱了他写的歌曲《梦回故乡》。

回渝后，大家都一致认为对"广漂"流浪歌手的采访，是我们所有采访中最接地气的。

梦圆他乡，不忘家乡，反哺家乡

2015 年，我们在云南昆明见到孔继东时，正巧赶上在他家举行的重庆老乡聚会。参与聚会的 6 位古稀老人，扎根云南有 50 年了。最让我难忘的是，他们在异乡成功后，用自己力所能及的行动来反哺家乡。

刚到云南时，孔继东挖土、搬运，干的都是体力活。

虽然是体力活，但孔继东没有任何怨言，没有喊累。正因如此，原本安排三个月的学工，他在一个半月后就被抽调回了公司总部，学习石材、混凝土实验。

在勤奋和汗水的浇灌下，孔继东努力打拼，成为云南昆明一家民营监理公司的董事长。

孔继东曾在重庆复旦中学就读。在重庆复旦中学建校 80 周年之际，他从云南回了一趟重庆，还约了十余位同学齐聚母校，看望恩师、回忆青春岁月。

飞越太平洋，逐梦澳新有感

2015 年 11 月初，作为"逐梦他乡重庆人"境外首发采访组的成员，我与重庆日报、重庆电视台、重庆之声的记者一起飞越太平洋，来到陌生的国度——澳大利亚和新西兰。

我们的采访对象有 20 多人，他们生活在悉尼、堪培拉、布里斯班、奥克兰、汉密尔顿 5 座城市里。他们的职业跨度很大，有护士、科学家、厨师、大学老师、商人、政府机构工作人员，等等。

从未离开故土的人可能无法体会，一碗重庆小面、一瓶老干妈调味酱会成为一种挥之不去的乡情。在装着烤箱、洗碗机的西式厨房里，他们的冰箱里却始终放着"老干妈"和油辣子。

在悉尼的陈代勇家里，还有一个泡菜坛，为了一口难忘的川菜，他可谓是煞费苦心。曾在南澳打拼的陈文杰听说悉尼唐人街开了家重庆小面馆，周末他情愿开上几个小时的车去"解馋"。

他们的勤劳和坚韧让人感动

2015 年 11 月到 2016 年 1 月，7 个城市，30 位逐梦他乡重庆人。我们在美国、加拿大寻访逐梦人的足迹。他们为梦想，为美好不懈奋斗，以勇气和坚韧面对一切陌生的环境与挫折，让我们为之感动。

胡一是多伦多唯一的华裔警官，他出国留学时，选择到澳大利亚的大学读书，硕士毕业后，他带着老婆到加拿大多伦多打拼，当过油漆工，做过电焊工，最后公司裁员失业。后来，他学法律，最终考上警察。他能屈能伸，也很刚强，笑着说他的经历，听的人却想流泪。

胡一"逐梦他乡"的故事，让人看到了他身上能屈能伸的品格以及对家人的责任。

还有两位逐梦人，马寿椿 60 岁了还回国考医学博士，李兰 50 岁了还考医学硕士。两位老人为中医的传播而坚持不懈地努力着。

这些生动而坚韧的逐梦人故事，打动着我们，我们也通过报道，把这份感动传递给读者。

"逐梦"让我更懂得努力付出

就像膝盖上的伤疤嵌在身体上一样，跟随"逐梦他乡重庆人"青海、甘肃采访组深入西北高原的故事，也深深地融入我的记忆中。

伤疤是在一次采访中意外摔伤留下的。在医院时，因为第二天要采访，加上仗着自己年轻，我没做系统检查，只是输了几瓶药水，就匆忙出院了。不料，就此留下祸根。

2016 年 8 月，我接受了人生中的第一次膝盖手术。这意味着，我要度过长达两年的恢复期，当然比这更可怕的来自我的心理——我不知道我什么时候能够站起来，回到记者岗位。

就在惶恐不安时，曾经的采访对象、残奥会的运动员、曾经一起采访的小伙伴给了我新的希望。如今回想起来，当初勇于走出去追逐梦想的重庆人，肯定也是从步履维艰开始的，但他们选择了努力付出，而不是遗憾悔恨。

只有走出去才能站在世界巅峰

"只有走出去，到世界先进发达地区，才能站在世界的巅峰实现梦想。"

这是去年 10 月上旬至 11 月下旬，记者通过走访在意大利、西班牙的众多
"逐梦他乡重庆人"后体会最深的感悟。

"为何要花昂贵的费用，万里迢迢地到意大利设立长安汽车欧洲设计
中心？"在意大利都灵的长安汽车欧洲设计中心采访时，记者带着诸多疑
惑采访了该中心总经理陈政。

他用重庆火锅打了个比喻。

如果一个外地人要学习正宗的火锅技术，那他就必须到重庆来，因为
这里是火锅之都。同样，意大利的都灵是欧洲最大的汽车产地，也是全球
汽车专业人才、信息、前沿技术的聚集地，是做汽车设计的天堂。

陈政说，正是因为把汽车领域的设计高度建在了全球最高端的市场，
才有了长安设计的逸动、悦翔 V7、CS75、CS95、睿骋 CC 等多款车型、
概念车在法兰克福、北京、上海等国际车展的惊艳亮相，并使得长安汽车
成为首个年产销超过 100 万辆的中国汽车品牌。

为梦想而拼搏

回想 2016 年 7 月北京之行，我们 6 位来自不同媒体的记者组成一个
团队互相合作，取长补短。作为一个初出茅庐的记者，每一次采访都是一
次学习和提升。

7 月 20 日，北京遭遇特大暴雨，采访组一行也因此经历了在北京最"囧"
的一次采访。

一大早，瓢泼大雨，路面成河，导致全城拥堵，但我们依然出发了。
抵达袁钟教授家时已是中午，他立即为大伙找来了干毛巾。"没想到以这
样的方式初见老乡。"组长富治平说。

采访中，袁钟教授用一口地道的重庆话与我们分享了他辗转的求学之
路。一路走来，他为了实现自己的理想吃了不少苦，但每当面临挫折之时，
总是迎难而上。如今，已是 60 多岁的他桃李满天下，却仍然致力于弘扬
医德医风。

在"逐梦他乡重庆人"的采访中，我们风雨无阻，毅然前行。正如每一位在异乡打拼的重庆人身上所传递给我们敢闯敢拼的精神一样，要实现梦想一定要敢于拼搏，勇于尝试，不因为小小的挫折而放弃心中的理想。

张旭、杨新宇、黎胜斌、黄晔、徐菊、曲鸿瑞、吴国富、平索茜：重庆晨报记者，2015—2016 年到新疆、广东、云南、青海、甘肃、北京、澳大利亚、新西兰、美国、加拿大、意大利、西班牙等地采访。

征程 >>>

全媒体大型人物故事寻访

Chongqing Flyers

逐梦他乡重庆人

采访出征仪式

重庆市对外贸易经济委员会

外文化交流中心

网　重庆之声　重庆日报

📍 **我们出征啦！**

图一

图二

图一：采访医药专家李健（记者田园）。

图二：采访两位百岁老人（记者贾俊杰于采访间歇与马识途、马仕洪合影）。

图三：采访组在桥牌大师林逸夫的工作室采访林逸夫（红衣）教练。

图四：采访组一行从广东珠海桂山岛出发，携带大小行李乘船跨越伶仃洋，前往港珠澳大桥西人工岛采访中交二航局港珠澳大桥项目部的重庆籍工人。图为重庆之声记者王力越及中交二航局联系人。

图五：北京王府井附近的煤渣胡同，"逐梦他乡重庆人"北京报道组采访93岁高龄的画家戴泽。

图六：东南大学校园内，采访东南大学党委书记易红。

图七：国家跳水中心，采访施廷懋。

图八：广州市天河中央商务区，记者们围在主人公董文梅的身旁进行采访。

图三

图四

图五

图六

图七

图八

133

图一

图二

图三

图四

图五

图六

图七

图一：采访组从南疆的库车县赶往北疆的伊犁采访。

图二：西藏采访组行至著名的"九十九道拐"采访并合影留念。

图三：第三批云南组一行在采访对象王天开的朝山火锅小院里采访。

图四：云南丽江，采访逐梦人黄怡。

图五：这是"逐梦他乡重庆人"内蒙古山西组的第一张"全家福"。

图六：在中国最北小学大门合个影。

图七：重庆电视台《重庆发现》记者李春雷在取景。

图八：伏毅、贺应桃、负晓朋在海拔4000多米的昌都经济技术开发区采访援藏干部江华。

图八

135

图一

图二

图三

图四

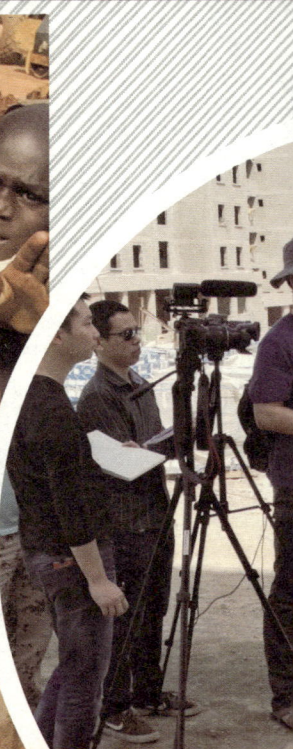

图五

图六

图七

图八

图九

图十

图一：采访组冒着 40 摄氏度以上的高温，在中冶建工集团援建非洲的一个工地上进行采访。

图二：采访组在澳门镜湖医院采访完朱明霞、黎想后，和二位受访者合影。

图三：采访组在台湾花莲完成采访任务后于海边合影。

图四：记者郭金铭在非洲乌干达采访筑路的重庆外建人。

图五：在南非一所教会学校，记者们与受访者及其所在学校的同学、校长合影。

图六：在利比里亚外建集团道路建设项目工地，重庆市外建集团的员工们为了更好地与当地工人沟通，在工地现场搭起了简易的教室，教授他们简单的汉语。

图七：在加拿大温哥华，冯旭站在他的房地产项目旁，向记者讲述他的创业经历。

图八：新西兰南岛，采访酿酒师。

图九：记者在悉尼大剧院旁取景。

图十：在非洲阿尔及利亚采访中冶建工集团援建非洲的工人。

137

反响 >>>

逐梦他乡，点赞重庆

　　"行进中国·精彩故事"——"逐梦他乡重庆人"全媒体大型人物故事寻访活动，不仅让我们感受到了重庆人对梦想追逐的热情，更体会到了重庆人骨子里的那份坚强。这样的系列报道，更获得各方点赞。这次寻访活动，得到各级领导高度重视、社会各界广泛参与、广大市民积极评价。来自全国新闻行业的专家、学者，也纷纷给予这项寻访活动极高的评价。

中国记协党组书记、副主席胡孝汉：

　　"逐梦他乡重庆人"是全媒体时代一次非常成功的主题宣传，是一次成功的典型人物报道，也是重庆这座城市一次成功的对外宣传，是网络时代、微时代、融媒体时代的一次成功实践。该活动不仅是重庆新闻界里程碑式的事件，在中国新闻界也具有标志性的意义。此次寻访活动，能够培养年轻记者树立世界眼光、全球意识和具备前瞻性的思维方式，对今后的新闻事业和记者职业生涯都有极大的帮助。

中国国际广播电台原副总编辑、国际在线原总编辑马为公：

　　"逐梦他乡重庆人"是一次向世界讲述重庆故事的重要尝试，为世界了解重庆打开了一个新的窗口。重庆人的故事，就是中国人的故事；重庆的故事，就是中国的故事。从这一意义上讲，"逐梦他乡重庆人"活动也是讲好中国故事的佳作。

复旦大学新闻学院院长尹明华：

　　"逐梦他乡重庆人"大型人物故事寻访报道实际上就是对媒体存在价值、存在方式的一种新尝试，展示了城市发展的历史性记忆。社会变化的人文性展现，寻访过程就是一个对城市人文探索的过程。通过口述历史能够感知他们逼真的情感，激发他们强烈的国家、家乡意识，从而实现人生的价值，对今人的鼓励，对今世的启发。

中国人民大学新闻学院教授、新闻与社会发展研究中心研究员蔡雯：

　　"逐梦他乡重庆人"全媒体大型人物故事寻访报道，以真实感人的故事，来激发人们对自己故乡、对自己祖国的热爱，激发人们对美好生活的一种向往和追求。这些报道同时也让我们对重庆这个城市的风格和文化有了更多的了解。

中国外文局副总编辑兼融媒体中心主任、中国报道杂志社社长陈实：

　　这组报道经过长时间的精心策划，在内容上，契合了中国梦的大背景，既强调突出宏大主题，又做到丰富鲜活，为对外讲好重庆故事提供了充分的素材。以小见大，通过讲好个体的故事折射中国梦。让国内外受众听得懂、听得进，是将城市形象传播与国家理念完美结合的典范。

中国新闻出版广电报副总编辑兼副总经理王连弟：

　　"逐梦他乡重庆人"是国内规模最大的"走转改"系列报道之一。重庆能够组织这样一场规模浩大、对全球都产生巨大影响的新闻采访活动，在中国新闻史上写下了浓墨重彩的一笔。

中国青年报"冰点"主编从玉华：

"逐梦他乡重庆人"选取了500多个他乡重庆人来记录，事实上，它要记录的，是整个重庆的精神。这些个体，构成了整个城市的大图景。在这些重庆人的身上，我们看到的，是整个中国的影子。

重庆工商大学文学与新闻学院院长蔡敏：

"逐梦他乡重庆人"是个成功的新闻报道案例。"逐梦"报道有针对性地、形象地回答了什么是重庆精神、重庆文化的问题。未来可以关注"逐梦重庆他乡人"的故事，把视野"拉回来"，挖掘扎根重庆的他乡人身上的故事，他们为什么会来到重庆，为什么扎根重庆。他乡人在重庆的成功也是重庆的一面镜子，他们的成功是重庆不断发展，魅力日增，创业环境不断优化的结果。

中国三峡博物馆名誉馆长王川平：

"逐梦他乡重庆人"系列报道，不仅向世界展示了重庆这座中国最年轻直辖市的高度和广度，也向世界讲述了在异国他乡打拼创业的重庆人的高度和广度。"这次成功的主题报道，是重庆直辖二十年来，在城市营销推介方面踏上的一个新台阶。

主题报道从第一期推出我就一直在关注，当我看到马识途成为首期报道人物时，我就知道这个系列报道一定会成为近年来重庆对外宣传的一个标杆之作。报道让大家看到敢于创新、敢于闯荡的重庆人在走出家乡后，创下的"无限"业绩。这些成绩此前是外界不太了解的。报道不仅让人们看到了重庆这座城市最新的变化，还看到了重庆人在各自领域作出的最新努力。

著名歌唱家杨小勇：

1997 年直辖挂牌庆典上，我唱了《沁园春·雪》；2007 年直辖十周年纪念晚会我也去唱了，一晃都二十年了，我特别希望今年还有机会为家乡歌唱。

我相信"逐梦他乡重庆人"这个系列采访也给我带来了一种积极的鼓励。过去，我作为一个扎根上海的艺术工作者，重庆人的血脉更多的是一种深藏于内的隐性的东西，重庆人的角色也是一种相对个体的存在。在持续关注"逐梦他乡重庆人"近两年后，我看到了更多的、像我一样在外地收获人生精彩的同乡，在深感振奋的同时，也体验到一种前所未有的荣誉与认同。

西南政法大学法学院 2015 级学生詹泽南：

在分享会上，采编团队的记者们分享了在采访过程中遇到的点点滴滴，他们口中提到的逐梦人物令人印象深刻。《中国诗词大会》第一季的制片人赵音奇、家中悬挂五星红旗的神户大学教授孙玉平，还有伴着茶香讲述滇缅抗战故事的谷舰艇……他们都是在外打拼的重庆人，他们有着迥然不同的人生经历，但有一个共同点：他们都是重庆人，他们都远离家乡，奔走在实现自我的路上，他们用实际行动讲述着属于自己的精彩故事。逐梦人以自己作为名片向全世界展示了重庆人的耿直、善良、开放、奋进，他们是优秀的重庆人，更是重庆的骄傲。

他乡逐梦，嫁对重庆人

□ 蒋明芳

开放性社会，不同地域的追梦者都远走五湖四海寻梦，重庆人也是如此。我是一名安徽女子，很早就接触了重庆人，后来还成了重庆媳妇。《逐梦他乡重庆人》节目播出后，我几乎每期都看。结合节目，加上自己十几年来对重庆人的深入了解，我总结出重庆人身上有以下特点：

重庆人的"勤"

1999 年，我在广东东莞最大的一家啤酒饮料批发公司打工。批发公司有二十多名搬运工，来自多个省份，其中几个重庆搬运工给我留下了深刻印象。

按说，多数情况下，老板与员工之间，有天然的对立。比方说，老板总想花最少的工钱让员工做最多的事情；员工却希望在拿一定数额工钱的情况下尽可能少干点活。批发公司搬运工都是固定月薪，所从事的又是重体力活，挺劳累的。所以，有些搬运工趁管理人员不在的时候，难免偷点懒。可那几个重庆搬运工从不如此，凡在工作时间内，都毫不懈怠地干活。

这几个重庆搬运工还有一个优点：不贪小便宜。搬运啤酒、饮料等易碎物品，公司规定可以有一定的破损率。所以，有些搬运工在干活过程中，会偷喝点啤酒、饮料解渴，然后把玻璃瓶砸碎充当破损品，自以为神不知鬼不觉。可几个重庆搬运工从来不这样做。

当然，时间长了，老板也拎得清。后来，老板给几个重庆搬运工都额外发了奖金，还把其中一位提升为搬运组长。

正是这个原因，当时，我拒绝了一位工厂经理的追求，和一位重庆搬运工建立了恋爱关系。父母亲为我的将来考虑，反对我的选择。不过，多年后他们都觉得我嫁对了人，这是后话。

勤劳，是立业的基础。"逐梦他乡重庆人"采访组所报道的每一位人物，不管在什么行业，从事什么工作，都没有离开"勤"字。

重庆人的"智"

外出打工，不能仅仅是为了满足生存，还应该有更高的发展追求。所谓"人往高处走"，有上进心的漂泊者，总要发挥聪明才智，达到更高的目标。

我早年打工的所在地，有很多重庆人。不少重庆人在这点上有着很好的体现：他们有的通过刻苦钻研学习，从普通工人逐步晋升为管理人员；有的凭借自己丰富的生活阅历和不错的文笔，转型当起作家；有的开起了饭店或加工厂……

这里说说转型创业的重庆人。创业成功，既需要胆量和勇气，又离不开敏锐的市场洞察力。

我认识一位开鞋厂的周总。二十年前，他只是一个来自重庆石柱的贫穷农村娃，现在，资产达到了 1000 多万元。其实，周总以前在一家制鞋企业做到了高管位置，拿着稳定的高薪，却不顾亲朋反对毅然下海创业，经历过多次失败，凭着百折不挠的意志，最终迎来辉煌的事业。

另一位我们称之为"火锅哥"的何总，曾在一家饭店当大厨，后来针对我们这片区域重庆人多的实际情况，开了一家重庆自助火锅馆。由于价格实惠、味道"巴适"，捧场的重庆老乡很多，甚至吸引了不少本地人光顾。重庆火锅逐步走向全国，走向世界，正是得力于许多类似何总这样的餐饮企业主的推广，比方说，"逐梦他乡重庆人"中的杨淑君、罗仕坤等。

很多重庆人的"智"，不是那种投机取巧的小聪明，而是敢于拼搏、善于学习、永不服输的大智慧。

重庆人的"义"

2008 年发生了汶川大地震，"一方有难八方支援"。当时，我在一家制衣厂从事人事管理工作，这家工厂的多数员工是重庆人。当时正处于国际金融危机前夕，许多制衣厂生意并不景气，靠计件算酬的员工，工资并不高。可是，厂里搞捐款时，那些重庆工人，捐款动辄数百元。

其中一位姓刘的重庆籍年轻人给我的印象最为深刻。小刘刚从重庆出来打工，在厂里做缝纫学徒，收入微薄。身上没钱，小刘就向老板预支了200 元工钱，捐给了灾区。

重庆人相互之间也乐于抱团互助。外出打工的人，只要勤劳，过日子一般不成问题，可要是家里摊上了大事，难免捉襟见肘。我丈夫和他的重庆老乡就立下约定，谁家里遇上大困难，大家共同支援。有一位重庆人开的商店发生了火灾，损失惨重，于是大家捐款帮他东山再起。

我呢，尽管嫁给了重庆人，但父母还在安徽老家。有一年，我父亲翻盖自家楼房时不小心摔成重伤，需要大笔医药费，我们东拼西凑仍有很大的缺口，最后也是这帮重庆老乡一人捐一点，帮我们渡过了难关。

在"他乡重庆人"中，奋斗在云南腾冲的企业家陆明兴，就曾在某位重庆老乡遭遇严重困难时，组织商会为老乡募捐善款。这种乡情纽带的温暖，令人感动。

重庆人的义气和耿直，可不只是在嘴上说说，而是在行动中实实在地体现出来了。

重庆人的"根"

重庆，作为直辖市和长江上游经济中心，这些年也在高速发展。发展中的重庆，大力号召在外的重庆人回家乡创业，并给予许多政策帮扶与支持。我丈夫在这个号召下，也回垫江老家开了一家制衣厂。其实，他选择回老家开厂，除了老家政府帮扶支持，以及更容易招聘到工人之外，更是因为叶落归根的家乡情。

丈夫回老家后，家乡父老看到这个当初的穷小子如今当上了老板，很替他高兴。看到他回来帮助老家发展，都对他夸赞。对我这个外地媳妇，也是打心眼里欢迎。

我的丈夫厚道，尽力为厂里的几十名员工提供良好的福利待遇。由于我和丈夫平时忙于工厂管理和联系客户，没有种菜种粮、养鸡养鱼，厂里的员工们纷纷把自家的蔬菜水果、鸡鸭鱼拿给我们尝鲜，我们就像一家人般亲密无间。

丈夫在外待了近 20 年，到过多个地方，有的地方还待得比较久。可他对当地的饮食都不习惯。回到家乡后，家乡风味的饭菜，他吃得很香，因此长胖了不少。丈夫说，他走过那么多地方的山，喝过那么多地方的水，吃过那么多地方的饭，见过那么多地方的人，却还是觉得家乡山最青绿，家乡水最甘甜，家乡饭最养人，家乡人最亲切！

每一位"逐梦他乡重庆人"，无论身在何方，都时时想念着故乡重庆，这种"根"的情怀，大家都一样！

我这个外地女子，在早年他乡逐梦的过程中，遇到并嫁给重庆人，因此拥有了自己的幸福，未来一定会更幸福！

蒋明芳，女，原籍安徽阜阳。2000 年前后，在广东打工期间与重庆小伙张安寿相识、相恋，两人后来结婚成家。2013 年，夫妻俩回到垫江，共同创办了一家小型制衣厂。此文获得"逐梦"征文特等奖。

在梦想的引领中前行

□ 吴洪浪

巴渝多俊杰，逐梦走天下。在短短一年多的时间里，重庆电视台走出重庆、越过夔门、足及五洲、纵横万里，为我们奉上了一道精神大餐——特别策划节目《逐梦他乡重庆人》，为我们广大观众呈现了一群鲜活的、亲切的、立体的、时代的重庆追梦人群体。观后，着实大有耳目一新的冲击力和震慑人心的撼动力，我们忍不住要为重庆电视台等数家媒体的精心策划和辛勤工作而点赞！更禁不住要为梦想的力量叫绝！

诚然，梦想的力量是强大的，榜样的作用更是无穷。在短短一年多的时间里，透过小小的荧屏，我们分享了那一个个家乡人火热的创业及追梦之旅，聆听了他们艰苦打拼、不言放弃的内心独白，更发现了他们强大的梦想源动力！其带给我们的人生启迪和价值思考已远远地超越了地域和时间的概念，他们对梦想的定义让我们看世界、观人生又有了全新的角度和视野！不管是引领企业、创新发展的厦门航空之领军人物车尚伦，还是传承渝味文化、光大重庆美食的二毛，抑或是立足高原、扎根本职为藏区百姓供热供电的曾毅，等等。这些生动典型的重庆追梦人，带给我们的不仅仅是他们的梦想述说和逐梦故事，更多的还是那些闪耀着梦想光芒以及智慧灵光的梦想分享和人生激励！

从中，通过他们一个个或坚定、或执着，或火热、或平淡的逐梦打拼经历，让我们看到的是他们叱咤职场、放飞梦想的干云豪气，也看到了他们走出千山、翻越万水的不屈不挠，更感知到他们顶天立地、不离不弃的实干苦干之可贵品质！当然，也更让我们读到了核心价值观那些"富强、民主、文明、和谐、自由、平等、公正、法治、爱国、敬业、诚信、友善"的关键词。这，就是我们身边的那群老乡，那些带着梦想飞翔的重庆人。

正是因为他们的梦想引领着我们，感动着我们，激励着我们，令我们一如坚忍不拔的行者，不舍梦想，砥砺前行！

当下，我们正赶上大众创业、万众创新的全新时代，面临着新一轮的改革开放大格局，重庆更处于国家"一带一路"战略的核心区域，在全新的机遇面前，我们该怎么把握住眼前稍纵即逝的机会？如何放飞和升华自己的梦想？恰如，最初欲从大流到法国的李义，却未曾想过在法兰西干出了自己最想做的事，成就了自己在异国他乡推广非主流的巴渝美食的梦想；又如爱闯荡、爱折腾的李谍，为融入国外主流社会，卯足劲两个星期就学了驾照，还打了几份兼职工，硬是凭着拼劲，打出了自己的天地；再如踏实做人、认真干事的蔡明福，背井离乡，筚路蓝缕，远赴满洲里创业，坚守社会责任，不忘回馈桑梓社会，让梦想照亮更多人的希望，等等。类似的追梦人，在逐梦他乡的重庆人群体中，不胜枚举，比比皆是。可能他们的人生经历、最初的愿望及创业的轨迹都不一样，但是他们追求梦想，永不放弃并实现梦想的坚定和执着，却是那么惊人地一致！他们以梦想为轴心，始终坚定地朝着梦的方向飞翔，追逐梦想的力量，传递社会正能量，焕发奋发有为的人生活力，让梦想绽放出了一朵朵鲜艳之花！

看，梦想已经照亮希望的明灯，前进的勇气和激情已被点燃。我们唯有抱定追求梦想的情怀，孜孜以求、永不言弃，坚定目标、矢志不渝，方能创造出超越梦想的人生！

吴洪浪，重庆公安作协会员、重庆杂文协会会员，此文获得"逐梦"征文一等奖。

外国媒体报道截图

逐梦他乡重庆人

幕后·反响

Chongqing Flyers

幕后·反响

逐梦他乡重庆人

Chongqing Flyers

话题点击量超 1.7 亿人次

　　"逐梦他乡重庆人"系列报道极大地增强了全市人民的自豪感、自信心和凝聚力，引起社会各界人士的强烈反响与共鸣。

　　新华网、人民网、光明网、中新网、新浪网、腾讯网、网易、凤凰网等国内重点网站和兄弟省市新闻媒体转载 11 700 条次，新闻跟帖 8.5 万余条。

　　相关视频新闻被央视网、优酷网、土豆网、爱奇艺等国内著名视频网站转载播报 7500 余条次，点击量超 5000 余万次。

　　在微博中形成的"逐梦他乡重庆人"话题，讨论人数近 280 余万人次，点击量达 1.7 亿人次；其中仅华龙网"逐梦他乡重庆人"专题网页访问量就高达 700 万人次，跟帖近 2 万条，"感动""振奋""威武"等词语成为网民使用频率最高的热词。

　　至书稿截稿，华龙网"逐梦他乡重庆人"专题评论达 21 003 条。

幕后 · 反响

逐梦他乡重庆人

Chongqing Flyers

两万余条专题评论彰显影响力

@ 依赖 [重庆市网友]

拍的是巫山云雨，叙的是无尽乡情！逐梦电影人，一如重庆人耿直、率真的禀性，章明，家乡因你而走向前台，成为世界关注的焦点！感谢这个栏目，让我们记住了这么多逐梦他乡的重庆电影人！建议在民国街建立一个逐梦他乡电影人专区，全面呈现他们的事迹和他们在重庆、为重庆拍的这些电影！

@ 浮生未歇 [上海市网友]

何夕瑞，风雨一生，愿你取得更好的成绩！

@ 啾啾 [上海市网友]

主人公的故事很精彩，作为两岸文化交流使者让人尊敬。看到制作酥肉、麻辣鱼那段还是很有感触，游子在外方能牢牢记住家乡的味道。

@ 将来时 [浙江省绍兴市网友]

"逐梦"总能给我带来不一样的惊喜，弗拉门戈与中国武术之间会是什么样，好期待。

@ 于 yu[江苏省南京市网友]

梦想实现的那一刻一定很幸福。

@ 豚豚 [重庆市网友]

当年离开重庆的时候年龄比较小，不管重庆如何变化，都能从这座城市的角落里发现童年的影子，这可能就是不变的乡情吧！

@ 心不痛 [广东省佛山市网友]

陈慧是一个很难得的人才，我希望他步步高升。

@ 一次误会 [重庆市网友]

我觉得但凡艺术家，都是经历很丰富的人，艺术源于生活，生活反映在艺术作品中，跌宕的人生成就最后的精彩！

@ 三年化碧 [广东省网友]

"逐梦"这个活动增进了两岸的交流。

@young 凌 prune [重庆市网友]

一位年逾古稀但精神矍铄的老人挥毫泼墨，边作画边传授国画技法，不一会儿，一只饱含神韵的雄鸡跃然纸上。艺术永远年轻！

@ 夏威夷 de 阳光 [重庆市网友]

"天将降大任于斯人也，必先苦其心志，劳其筋骨……"名人的成功之路似乎一直都是坎坷的，对这样一位女性来说，杨鄂西从小所经受的磨难是常人难以想象的，但也正是因为有毅力，她才能跟随张大千先生学习绘画吧。这是女性的榜样！

@ 亦里 [重庆市网友]

刘红宇，这位从重庆奉节走出的知名女律师，不但在改革开放后第一批成功创办律师事务所，成为京城律师界的翘楚，近年来更是将精力投入到公益事业之中，助力社会进步。

@ 椿林餐饮老胡 [浙江省湖州市网友]

朱彬能取得今天的成绩，确实厉害！

@ 亦里 [重庆市网友]

逐梦人书写着自己的逐梦之旅。李莉和刘文祥就是其中的代表，他们在实现自我人生价值的同时，还不经意间成为文化使者，搭建起重庆和南非之间了解沟通的桥梁。

@concern [四川省德阳市网友]

彭波说："晚上拍戏时饿了，就煮碗小面，那麻辣鲜香的味道总让我想起家的温暖。"引起我的共鸣。

@ltoile [重庆市网友]

他们都是一群让重庆骄傲的人。

@ 无间道 [江苏省网友]

发出我大重庆的好声音，文化使者肩负重担。

@ 梦中你给的温柔 [重庆市网友]

我国古琴演奏专业的第一位硕士，曾先后 5 次在全国性古琴演奏大赛中荣获最高奖项，很棒！

@ 雨后彩虹 [天津市网友]

这位重庆崽儿真的很励志，积极向上的精神是逐梦他乡重庆人的宝贵财富。

@ 亦里 [重庆市网友]

重庆人任永洪为了让家人过得更好，两三年没舍得买过一件新衣服，所有钱都存下来寄回了家里。在追寻自我梦想的同时，任永洪还用自己的言行改变了当地人对中国人的刻板印象。

@ 一次误会 [重庆市网友]

怀抱着对文学的追求，陈宏这个放牛娃一路从乡村走到部队，最后成为一名电视媒体人，并干出了这样一番成绩，不错！

@ 傻子 [重庆市网友]

在任何地方介绍自己的时候，都会自称重庆崽儿，这让他有自豪感。

@ 日月星辰 [甘肃省网友]

逐梦人，加油！

@ 红尘笑 [重庆市网友]

好个重庆人，处处都生辉，点赞。

@yu [重庆市网友]

从班里唯一一个英语考试不及格的女生，到外企信息技术精英，真的是"有志者事竟成"！

@ltoile [重庆市网友]

在这个难以见到亚洲面孔的小城里，她的出现让西班牙人认识了一位温婉、坚韧、独立的中国女性。

@ 无间道 [重庆市网友]

有理想有抱负，实现梦想依旧怀揣故里。

@312290492 [重庆市网友]

不管走到哪里，巴渝的历史传统、精神积淀都在每个逐梦人身上打下深深的烙印。你们是重庆的好儿女！

@ 祝可 [江苏省南京市网友]

刘红宇是集美貌与智慧于一身的重庆女子！

@ 搜狐手机网友 007

用这样的故事来采撷独属于这方水土的历史传统、精神积淀、社会风气、价值观念，以及巴渝人负重自强、开拓进取的逐梦精神。

@ 将来时 [山西省阳泉市网友]

不管重庆如何变化，那里都是你心中最温暖的地方！重庆人很有拼搏精神，加油！

@ 独草孤花 [重庆市网友]

一个千百、一个思行，两个留学的重庆崽儿把重庆味道带到了马德里，并闯出了一片小天地，值得点赞！

@aiq 璐 [重庆市网友]

被誉为"中国刀笔书法"第一人的陈复澄，他的创作过程就像在紫砂壶上跳了一曲优美华尔兹，它的韵律和节奏，呈现出了一种独特的艺术魅力。希望他的技艺能一代代传承下去。

@ 一次误会 [重庆市网友]

已经七十多岁的陈复澄精神矍铄，依然坚持刀笔创作。他应该带更多的学生，把中国传统艺术的精髓一代一代传承下去。

@aiq 璐 [重庆市网友]

为了爱情奔赴万里之外的西班牙巴塞罗那，重庆妹儿赵晓萌投身当地汉语教育，身为孔子学院老师，她和同事们开创了"你好，中国"项目，让汉语课成为多所学校的必修课。厉害了，重庆人！

@ 一次误会 [重庆市网友]

作为重庆人，夏朝阳时刻心系家乡，除了在巫山以父亲的名字命名设立助学金，他还希望通过引进企业，为家乡发展作贡献。这样的企业家真棒！

@ 再看我就让你消失 [重庆市网友]

感谢"逐梦"带给我们这么多优秀的故事！

@ 清蒸与红烧 [重庆市网友]

在张勇的发掘和打造之下，张碧晨、苏运莹、李琦、游鸿明、李泉等已然成为内地炙手可热的歌手。这个土生土长的重庆小伙当过记者，干过经纪人，也曾历经波折，但如今的他已成为梦响当然音乐公司执行总裁，是当红歌手的幕后伯乐，更是原创音乐的逐梦者。

@ 将来时 [山西省阳泉市网友]

刘红宇真是重庆人的骄傲！

@ 夏威夷 de 阳光 [重庆市网友]

为爱远走他乡，这份勇气不是每个妹子都有！作为一个传播中华文化的大使，她是最美的人！

@ 啊悟空 [重庆市网友]

作为严重偏科的一员，我表示我很懂他……曾经理科"一霸"、文科"一渣"！很羡慕他走过的路和他听到自己开发的软件要推向市场那一刻的喜悦！这曾经也是我的一个梦想，可惜每个人的路不一样，希望还在追梦的朋友们要珍惜自己追梦的机会！

@ 炫酷大帅猫 [重庆市网友]

目前更是与重庆有关部门合作，服务"智慧重庆"建设。为家乡作贡献，了不起！

@ 一次误会 [重庆市网友]

未来，董世荣计划在重庆开办一所学校，把外面的先进教育理念引进来，造福家乡人，很好！

@ 红豆 [北京市网友]

吃得了苦，认得清路，才能成功！

@ 阿牛刘嵩 [内蒙古自治区网友]

重庆人真棒！

@ 清蒸与红烧 [重庆市网友]

在中央电视台科教频道《希望英语》节目正当红的时候，重庆人赵音奇果断选择退居幕后，做起制片人，打造了包括《中国诗词大会》第一季在内的多档人气节目。为重庆崽儿点赞！

@ 黑白猜 [重庆市网友]

乌干达，好遥远的地方，祝在那边工作生活的中国人重庆人身体健康、平平安安。

@ 阙小妹 [重庆市网友]

总觉得艺术家的世界离自己很遥远，看"逐梦他乡重庆人"的报道觉得好亲切。

@Akira [重庆市网友]

重庆盛产美女，而且大多数都上得厅堂下得厨房，希望她能用美食搭建起友谊的桥梁，为这位逐梦的他乡重庆人点赞！

@ 无间道 [重庆市网友]

与美食相伴，与幸福相伴。打造重庆响亮名牌，棒！

@ 再看我就让你消失 [重庆市网友]

谢谢"逐梦他乡重庆人"这个平台为这些重庆人提供一个被认识的机会！

@ 情愫 [重庆市网友]

随着客人的增多，向希的知名度越来越高，不仅当地华人认识她，不少西班牙人也关注起了这个勤劳能干的重庆妹子。希望重庆美食走遍天下。

@ 我不是南拳妈妈的宇豪 [重庆市网友]

此前，很多客人都不知道重庆，在韩旌的介绍下，他们逐渐了解到这座山水城市。感谢她让更多人知道了重庆！

@ 亦里 [重庆市网友]

刘书华在西班牙马德里经营着两家中医馆，连皇马球员都曾慕名找他做推拿。一步步走到现在，只因为刘书华始终坚信："有梦想就有可能。"为他点赞！

@ 祝可 [江苏省网友]

赵音奇是我小时候的榜样！

@ 梦里花 [重庆市网友]

如今，董世荣的父母还在重庆老家，孝顺的他每年都要回两次重庆探亲，他说，每次回去，都发现重庆与上一次相比又有了不少变化。"以前回家要走四天四夜的路程，又危险又不方便，现在通了高速路，只要半天时间就到了，交通的变化真是翻天覆地。"身为一个重庆人，他感到由衷的自豪。

@ 好筱 [重庆市网友]

重庆人勤奋、诚信、上进，值得深交。

@yu [重庆市网友]

重庆人才济济，很期待看到章导演镜头里的重庆。

@ 傻子 [重庆市网友]

感谢"逐梦他乡重庆人"每天带来这么精彩的故事！

@ 笄发醒 [江苏省网友]

廖国钺唱歌确实好听

@ 无间道 [重庆市网友]

文化也能促进发现，深厚的文化底蕴能让我们发现更多的精彩！

@ 一次误会 [重庆市网友]

刘书华凭借自己的努力，去影响当地的人们，让更多人了解中医的博大精深。这种贡献还真是不小！

@ 豚豚 [重庆市网友]

重庆发展太快了，已经是一座时尚的现代大都市了，很有层次感。逐梦女孩身上爽快、真诚、坚韧、乐观的秉性，都源于重庆。

@ 我不是南拳妈妈的宇豪 [重庆市网友]

重庆老乡们特别勤奋，能吃苦，在当地人及华人圈中的口碑非常好。他们把重庆人最本质的耿直、上进精神，展现得淋漓尽致。

@ 再看我就让你消失 [重庆市网友]

希望"逐梦他乡重庆人"走出重庆，走向世界！

@ 大脑壳 528[重庆市网友]

"逐梦他乡重庆人"这个活动太有意义了！

@ 秋小秋爱吃肉 [重庆市网友]

好励志的故事，重庆人的骄傲！

@yu[重庆市网友]

"逐梦他乡重庆人"的故事感人，我很喜欢！

@ 记意 [重庆市网友]

每一期逐梦故事和人物都能带给我们一些触动。

@ 多多 [重庆市网友]

"逐梦"故事很精彩！

@ 小胖 [重庆市网友]

希望"逐梦他乡重庆人"这个精彩的活动走出重庆，走向世界！

@ 傻子 [重庆市网友]

感谢"逐梦他乡重庆人"给我们带来的励志故事！

@ 提拉米苏 [江苏省南京市网友]

我真的佩服谢戎彬！

@ 情愫 [重庆市网友]

"逐梦他乡重庆人"这个活动太好了，做得太有意义了！

@ 将来时 [重庆市网友]

"逐梦他乡重庆人"这个活动总能给我带来不一样的惊喜，每一期都好期待。

@ 时空隧道 [北京市网友]

重庆人就是厉害，吃苦耐劳，走到哪儿都是好样的！

逐梦他乡重庆人 *Chongqing Flyers*
幕后·反响

159

@young 凌 prune[重庆市网友]

希望"逐梦"走出重庆，走向国际！

@ 再看我就让你消失 [重庆市网友]

感谢"逐梦他乡重庆人"这个活动带来这么多美好的故事！

@ 大脑壳 528[重庆市网友]

"逐梦他乡重庆人"这个活动采访的范围越来越广，做得越来越好了！

@ 一次误会 [重庆市网友]

做人要有目标，着眼现实，掌握未来，只有一步步地走来，一点点实现目标，一切总会好的。

@ 李小锟 [重庆市网友]

将中国武术发扬光大！

@ 舟萩翰 [重庆市网友]

追求自由、任性选择的世界，在我们的眼前无限延伸。如果你们的梦想能够引导大家的方向，在名为信念的旗帜之下，一起去追寻吧！

@ 满城灯火 [江苏省网友]

1993 年，我与杨霄到乌干达工作，二十多年过去了，他仍在非洲工作，令人敬佩，祝他万事如意、平安幸福！

@ 胶囊 [重庆市网友]

咱们重庆人很棒，能吃苦，走到哪里都能成就一番事业！

@ 菜菜 [重庆市网友]

应该多开展这样正能量的活动！

@ 豚豚 [四川省泸州市网友]

重庆发展日新月异，期待安南开的"江之书馆"！

@eaven 的好男人 [重庆市网友]

为了梦想远走他乡，创造了个人的精彩和价值，为这样的人点赞，但也别忘了常回家看看！

@Extra [重庆市网友]

虽然离开重庆很多年了，但是重庆的记忆依然在我脑海里，见到重庆人就像见到老乡一样。有梦想谁都了不起，加油！

@.qq180780309 [重庆市网友]

祝福在各地追逐梦想的重庆人！

@SDJN- 徐焱 [重庆市网友]

好棒的活动，期待精彩的大作出炉！我觉得"逐梦重庆他乡人"也可以有！

@luojia918 [重庆市网友]

好想跟着你们去追梦，一起向追梦人致敬！

@ 永恒的异乡人 [重庆市网友]

虽身处世界各地，但都为一个中国梦！

@ 依赖 [江西省景德镇市网友]

朱卫东是建筑行业的翘楚，是重庆人的骄傲

@pries- 微笑 [重庆市网友]

支持家乡重庆，身为重庆人我感到自豪，逐梦他乡的重庆人"雄起"！

@ 莫提 [重庆市网友]

逐梦、圆梦，重庆人很棒，期待更多感人事迹，大家一同分享。

@Dou 森 [重庆市网友]

在外总是很自豪自己是重庆人，期待挖掘更多逐梦他乡的山城崽儿故事！什么时候能采访一下陈坤啊？还有，其实聚美优品的一位老总也是重庆人，年纪轻轻，北航硕士毕业，很令人崇拜，不知道能推荐不？

@sunflowercq [重庆市网友]

即使是在他乡奋斗，相信你们也充满着对故土的眷恋，加油，逐梦他乡的重庆人，期待着你们的精彩故事！

@ 天筱 [广东省珠海市网友]

努力追梦，相信会有所收获。

逐梦他乡重庆人

Chongqing Flyers

幕后·反响

幕后·反响

逐梦他乡重庆人

Chongqing Flyers

@ 怀过往 [云南省网友]

从字里行间可以体会到谷舰艇的爱国之情，让人感动不已！

@ 杨光志 [重庆市网友]

逐梦他乡的采访活动，将是异乡重庆人的理想加油机，梦境孵化器，是最具体而有力的"撑腰体"。

@ 将来时 [山西省阳泉市网友]

家是故乡的好，不管重庆如何变，总是你心中最温暖的地方！重庆妹子都很棒，加油！

"逐梦他乡重庆人"全媒体大型人物故事寻访暂告一段落，但逐梦的脚步不会停止！